LES PEUPLADES KABYLES

ET LES

TRIBUS NOMADES

DU

SAHARA.

LECTURE

PAR LE PÈRE CHARMETANT,

MISSIONNAIRE D'AFRIQUE.

SE VEND AU PROFIT DE L'ŒUVRE DES MISSIONS D'AFRIQUE.

MONTRÉAL
DES PRESSES À VAPEUR DE "LA MINERVE,"
212 et 214, Rue Notre-Dame.

1875

LES PEUPLADES KABYLES

ET LES

TRIBUS NOMADES

DU

SAHARA.

———— • ————

LECTURE

PAR LE PERE CHARMETANT,

MISSIONNAIRE D'AFRIQUE.

SE VEND AU PROFIT DE L'ŒUVRE DES MISSIONS D'AFRIQUE.

MONTRÉAL

DES PRESSES A VAPEUR DE "LA MINERVE,"

212 et 214, Rue Notre-Dame.

1875

LES PEUPLADES KABYLES

ET

LES TRIBUS NOMADES DU SAHARA.

CONFÉRENCE PAR LE PÈRE CHARMETANT,
MISSIONNAIRE D'AFRIQUE.

I

AFRIQUE ANCIENNE. — RACES BERBÈRES.

SOMMAIRE. — L'Afrique chrétienne et ses luttes. — Invasion des Arabes Mahométans. — Traditions chrétiennes chez les Mozabites. — Derniers efforts des chrétiens. — Vestiges de christianisme chez les Berbères. — Grande Kabylie. — Administration civile des Kabyles. — Loi kabyle ou *Kanoun.*

Mesdames et Messieurs,

Vous vous êtes réunis, ce soir, afin d'entendre la parole d'un missionnaire d'Afrique, venu au milieu de vous, pour vous faire connaître la grande œuvre d'évangélisation et de progrès que l'Eglise poursuit dans ces contrées lointaines.

La mission d'Afrique est de toutes les missions de la terre celle qui jusque-là avait été la plus abandonnée. Elle sera aussi, à cause du génie fanatique des peuples mahométans, la plus difficile, la plus longue, la plus pénible, à moins que Dieu ne continue à intervenir en notre faveur d'une manière presque directe, comme il semble vouloir le faire depuis quelques années.

A ce sujet, Mesdames et Messieurs, je vous dois ici des actions de grâces publiques et bien méritées, pour les sympathies dont nous n'avons cessé d'être l'objet parmi vos généreuses populations.

Merci au nom de nos missionnaires et de nos 800 orphelins si dénués de tout. Merci au nom de l'œuvre toute entière des missions d'Afrique !

A ce mot Afrique, que de souvenirs surgissent dans notre esprit, que de sentiments s'éveillent dans notre âme !

Quels noms en effet que ceux de Carthage et d'Hyppone, que ceux d'Annibal, de Jugurtha, de Tertullien, d'Origène, de Cyprien, d'Augustin et de tant d'autres.

Hélas ! cette Afrique qui est ajourd'hui si abandonnée, si barbare, a été autrefois un foyer de civilisation. Il semble même qu'elle a été dans le monde le berceau des sciences et des arts, dés l'origine des peuples, car en lisant la Genèse, nous remarquons que l'Egypte, au temps des patriarches et des premiers Hébreux, possédait déjà une civilisation très-avancée.

Plus tard, à l'époque des Romains, Carthage comptait plus d'un million de citoyens, et était à la tête des nations maritimes de la terre. Elle faillit anéantir la ville de Rome et prendre sa prépondérance dans le monde. Après les Gaulois nos ancêtres, les peuples que Rome a eu le plus de peine à soumettre, ce sont les Numides, les ancêtres de nos Berbères ou Kabyles modernes. Les talents militaires des Scipion et des Marius, furent sur le point d'échouer contre Annibal et Jugurtha.

Afrique chrétienne et ses luttes. — Mais, à nous chrétiens, ces souvenirs doivent être plus particulièrement chers, car cette Afrique, aujourd'hui si désolée, a été, au berceau de l'Eglise, la chrétienté la plus florissante de la terre.

Elle comptait en effet plus de ·700 évêques. Le Concile de Carthage, présidé par St. Cyprien, en réunissait près de six cents, tous Africains. Ses oasis et ses déserts étaient peuplés de moines et de cénobites, qui fuyaient le monde pour trouver Dieu dans la solitude ; son sol fumait du sang des martyrs ; ses évêques, ses confesseurs étaient la lumière et l'exemple du monde catholique. L'Eglise entière se glorifiait de recevoir l'intelligence et l'exposition de sa doctrine de la bouche des Augustin, des Cyprien, des Optat et des Fulgence. Ses vierges surpassaient en intrépidité les hommes les plus courageux ; et les mères chrétiennes du monde entier prennent encore pour patronnes, les Perpétue, les Félicité, les Monique, ou d'autres saintes également africaines.

Mais le moment approchait où tant de siècles de gloire devaient être suivis de siècles de deuil ; et où l'Afrique chrétienne allait devenir aussi fameuse par le malheur, qu'elle l'avait été par le génie et le courage de ses fils.

Saint Augustin était encore vivant lorsque les Vandales, qui venaient de promener la dévastation et la ruine en Europe, se jetèrent sur l'Afrique, dont les riches et fertiles provinces étaient depuis longtemps le grenier de Rome, mais dont les habitants déshonoraient trop souvent par leurs vices et leurs désordres la foi qu'ils professaient.

Vous savez les ruines que ces hordes barbares semaient partout sur leur passage ; leurs rapines, leurs cruautés, leurs persécutions. Tout ce qui était chrétien était passé au fil de l'épée. Ces grandes et belles cités d'Afrique étaient livrées aux flammes.

A la fin, ils se lassèrent d'égorger et de piller, et préférèrent condamner à l'exil des populations entières de catholiques. Sous Hunéric, quatre cents évêques furent arrachés de leurs siéges épiscopaux, le même jour, et chassés dans le désert, comme un vil troupeau, par les Vandales.

Invasion des Arabes Mahométans. — Mais ce n'est pas assez d'une seule tempête, si violente qu'elle fût, pour abattre cette grande Eglise.

Délivrés du joug odieux des Vandales, les chrétiens d'Afrique commençaient à respirer et à se reconstituer, lorsque tout-à-coup, des profondeurs de l'Arabie, arriva comme un *simoun* (cet ouragan de sable embrasé qui part du désert et dévaste tout sur son passage,) arriva, dis-je, l'armée des sectateurs de Mahomet. Le koran d'une main, et le poignard de l'autre, ils prêchaient leur religion nouvelle par ces seuls mots. " Crois ou meurs !" La résistance fut énergique et désespérée. Un historien arabe Ibn Khaldoun, dit formellement que la population Berbère de l'Afrique du Nord fut contrainte *quatorze fois*, par la violence des armes, d'embrasser le mahométisme, et que *quatorze fois* elle revint à sa religion.

Les Musulmans, fatigués d'avoir toujours à lutter et à égorger, se décidèrent à exiler en masse les populations catholiques. L'histoire nous apprend que plus de trente mille familles chrétiennes furent arrachées en même temps à leur pays et transportées de force au milieu du désert, probablement pour mourir de faim et de soif dans ces affreuses solitudes. Qui pourra jamais dire les genres de supplices et de martyres qu'ils y ont endurés! Il y a eu là des milliers de morts glorieuses, ignorées des hommes, mais précieuses devant Dieu.

Et de même, qui peut savoir, qui peut affirmer, que toutes ces familles de chrétiens ont tout-à-fait disparu ; si quelque jour, en pénétrant dans les profondeurs mystérieuses et encore si inconnues de cette immense Afrique, les missionnaires n'y trouveront pas quelques restes de ces populations catholiques ainsi refoulées, et si nous n'aurons pas la consolation de découvrir quelques étincelles de notre sainte foi conservées, après de longs siècles, au milieu de ces contrées, devenues l'asile de la barbarie et de l'erreur, après avoir été si chrétiennes.

Aujourd'hui, chose remarquable, à mesure que l'on fouille le sol de l'Algérie, on retrouve, sous les modernes cités de l'Afrique, et jusque sous les temples de l'Islamisme, les restes sacrés de nos anciennes basiliques chrétiennes. On a même découvert, il y a quelques années, les débris parfaitement conservés de l'église catholique la plus ancienne, authentiquement datée, qu'il y ait dans le monde. Elle porte en effet, inscrite sur la mosaïque qui lui sert de pavé, la date de sa construction : c'est la 323e année de l'ère chrétienne, immédiatement après que Constantin eut fait sortir l'Eglise des Catacombes ; elle était dédiée aux apôtres St. Pierre et St. Paul.

Si le sol conserve ainsi les traces de l'ancienne foi chrétienne, qui peut dire qu'en fouillant l'intérieur si peu connu du désert nous ne retrouverons pas, comme au Japon, quelques rejetons de ces anciennes familles de martyrs qui auront conservé, elles aussi, les restes de l'antique foi de leurs pères ?

Traditions chrétiennes chez les Mozabites. — Pour ma part, j'ai rencontré, vers le 23e degré de latitude, une peuplade Berbère, appelée *Mozabite*, dont la physionomie est toute chrétienne, et qui, malgré les longues persécutions des Arabes, a pu sauvegarder quelques usages, et même certaines pratiques essentiellement catholiques.

Les Mahométans, leurs vainqueurs, sont parvenus, à la suite des siècles, à détruire chez eux le culte primitif et à leur imposer leur profession de foi : "Dieu est Dieu, et Mahomet est son prophète"; mais c'est tout ! Leurs lois et leurs usages sont restés comme de précieux vestiges des mœurs et des pratiques chrétiennes. Ainsi leur loi n'est point celle du Koran ; elle est renfermée dans un code particulier, en vigueur de temps immémorial, et remarquable par son esprit chrétien. Ce code est appelé *Kanoun*, comme notre droit ecclésiastique. De plus, le clergé ne se recrute pas, comme chez les Arabes, par la transmission de l'hérédité et du sang, mais, comme chez les chrétiens, par le choix et l'élection de personnages que leurs vertus, leur prudence et leur savoir font remarquer.

On retrouve même, chez eux, des traditions qu'on pourrait appeler apostoliques. La confession publique et l'excommunication sont encore là en vigueur avec une sévérité digne des premiers siècles de l'Eglise. C'est ainsi que lorsque quelqu'un commet une faute, ayant produit scandale, il est tenu d'aller se dénoncer lui-même au prêtre qui lui impose un certain nombre de jours de pénitence, pendant lesquels il devra prier à l'entrée du temple, au moment des réunions, afin de bien montrer à tous qu'il expie publiquement sa faute.

Si le coupable refuse, le prêtre l'interpelle en face de tous, et le chasse du milieu de ses frères. Dès lors, personne ne peut communiquer avec lui, et les pauvres eux-mêmes doivent refuser ses aumônes. Il ne pourra rentrer en grâce qu'après avoir consenti à s'accuser publiquement devant tout le monde, de ce qu'il a fait. S'il meurt sans s'être ainsi amendé, son cadavre n'aura point les honneurs de la sépulture ; il sera jeté en dehors des murailles sur les immondices de la ville ; et, le soir, ce corps d'excommunié sera littéralement enseveli sous le tas de pierres que lui auront jetées les passants.

On le voit, c'est peut-être au sein de cette peuplade de Berbères, perdue au milieu des sables du désert, que se retrouvent les vestiges les mieux conservés de l'ancienne discipline de l'Eglise catholique, à laquelle ils ont dû évidemment appartenir. Mais comment se trouve-t-elle ainsi refoulée dans le Sahara cette tribu d'anciens chrétiens que j'ai eu la consolation de visiter ? Le voici :

Derniers efforts des Chrétiens. — Comprenant que toute résistance devenait impossible contre ces hordes sans cesse renaissantes, vomies sur l'Afrique par l'Arabie, les anciens maîtres de la Numidie et de la Mauritanie, désignés, depuis, sous le nom de Berbères, prirent le parti d'abandonner leur territoire envahi. Les uns se retirèrent dans les oasis du désert. Ce sont ces mêmes Mozabites dont je viens de parler, et les Thouaregs devenus aujourd'hui les pillards des caravanes, dans l'intérieur du Sahara. Les autres, en grand nombre, se barricadèrent dans les gorges et sur les sommets les plus incultes de l'Atlas, chaîne énorme de montagnes que la Fable Antique regardait comme les colonnes qui supportent le ciel.

Là ils purent, les uns et les autres, conserver longtemps les traditions chrétiennes de leurs pères. Il est vrai qu'à la fin du septième siècle, l'Afrique n'avait plus de ville qui ne fût au pouvoir des Musulmans ; mais on y comptait encore beaucoup d'églises ayant leurs évêques. Divers indices donneraient même à penser que jusqu'au XIVe siècle, certaines tribus africaines purent se maintenir, à peu près, dans la foi chrétienne, malgré les vexations que la conquête Musulmane faisait peser sur eux.

Quoiqu'il en soit, il est un fait certain, c'est qu'au XIIe siècle ils avaient encore des évêques catholiques. L'un d'eux fut sacré à Rome par le pape S. Grégoire VII ; son nom latin était Servandus. Ce même pape S. Grégoire, vers la fin du XIe siècle, écrivit aux catholiques africains qui se trouvaient encore dans ce pays, pour les féliciter de ce qu'ils donnaient aux Arabes l'exemple des vertus chrétiennes, et forçaient par là ces infidèles à envier leur foi, plutôt qu'à la mépriser.

" Mais peu à peu, la persécution incessante, l'isolement et le défaut de secours finirent par l'emporter sur ces longues résistances, comme il est arrivé en Suisse, par exemple, à plusieurs villages catholiques entourés par le gouvernement protestant de Berne. De guerre lasse, les uns comme les autres se sont laissés absorber dans la religion du vainqueur qui lui fermait toute communication au dehors. '' (1)

C'est alors que l'épiscopat d'abord dût s'éteindre, et après lui le sacerdoce. L'esprit reste effrayé en songeant aux angoisses, aux tortures d'esprit et de cœur, qu'ont dû subir ces derniers prêtres africains, vénérables débris de la vraie religion, si florissante autrefois dans ces belles contrées, et qui allait disparaître avec eux ! Que de larmes amères ils ont dû verser, en se voyant descendre dans la tombe avec l'accablante pensée qu'ils emporteraient fatalement dans leur linceuil les derniers restes du christianisme, qui pendant tant de siècles avait illuminé l'Afrique de ses splendeurs.

A force de luttes, de persévérance et d'énergie, ces malheureux chrétiens d'Afrique purent sauve-garder leur indépendance ; mais éloignés, privés de secours spirituels, isolés du monde catholique pour lequel l'Afrique était devenue un sujet de terreur, la Foi s'altéra graduellement, le dogme musulman s'imposa, mais sans pouvoir jamais amener après lui la loi du Koran, comme chez tous les autres peuples Mahométans. La discipline chrétienne était dans les mœurs, elle y resta ; et de nos jours les missionnaires la retrouvent chez tous les peuples Berbères où ils pénètrent, comme l'éclatant témoignage de l'antique foi que professaient toutes ces populations aujourd'hui éparses.

Vestiges de christianisme chez les Berbères. — Malgré la persécution et la violence, cette race toute entière est en effet restée chrétienne, sinon dans sa foi, au moins dans ses usages, ses lois, et même, nous venons de le voir pour certaines tribus plus isolées, comme les Mozabites, dans sa discipline elle-même. En outre, non-seulement aucune de ces peuplades Berbères, soit Kabyle, soit Touareg, n'a consenti à accepter le Koran pour Code Civil, mais encore ils refusent, pour la plupart, de se conformer soit à la manière de prier, soit aux ablutions prescrites par la loi de Mahomet, et prétendent, en cela, suivre les anciens usages de leurs pères.

Mais ce qu'il y a de plus particulier, de plus remarquable, c'est

---

(1) *Souvenirs de l'ancienne Eglise d'Afrique,* par le R. P. Cahier, S. J.

qu'ils sont les seuls peuples mahométans qui aient conservé la monogamie chrétienne. Les Berbères, en effet, à l'inverse des Arabes, n'ont qu'une femme : et leur loi, toujours en vigueur, ne leur en permet pas plusieurs.

Chez tous les autres musulmans, la femme est tenue, depuis son enfance, dans un état d'abrutissement complet. L'étude de la prière, des lois, de la religion même, lui est interdite. Elle n'est pas pour l'homme la compagne de sa vie ; elle en est la chose plus ou moins précieuse, plus ou moins utile, selon les services qu'elle lui rend ou le prix qu'elle lui a coûté. Vers l'âge de 12 ou 13 ans, elle est vendue par son père, ou, s'il est mort, par son frère aîné, comme un vil bétail, pour devenir la propriété d'un homme qui pourra la revendre ou la chasser quand bon lui plaira.

Chez les Berbères, au contraire, la femme joue presque le rôle que l'Evangile lui a assigné dans la civilisation chrétienne. Elle préside au foyer domestique, est entourée de respect par sa famille et par ses hôtes, et élève ses enfants comme elle l'entend. Pour qui connaît l'Orient, cette condition d'honneur faite à la femme est l'indice le plus certain que le christianisme a passé par là.

Mais ces traces évidentes de christianisme sont encore plus sensibles dans ce que j'appellerai les signes matériels de son passage.

On sait, par exemple, l'horreur de tous les Musulmans pour la croix. Partout, ce signe est proscrit. Et cependant, Dieu a permis qu'il soit conservé par tous les peuples Berbères, soit Kabyles, Mozabites ou Thouaregs, comme un signe devenu national. Chez tous ces peuples, en effet, on la trouve partout. Les Kabyles la gravent sur leurs portes, et souvent sur leur front ; les Mozabites la mettent sur leurs habits, les Thouaregs dans leur alphabet, sur leurs armes et leurs boucliers ; et, dans deux tribus différentes, elle est, à ma connaissance, placée religieusement sur la tombe des morts, comme dans nos cimetières catholiques. (1) Je l'ai même vue, peinte en rouge, dans une mosquée où les Kabyles vont prier. (2)

Quand on leur demande ce que veut dire ce signe pour eux, ils

---

(1) Tribus voisines de Montenotte et de Cherchell.
(2) Chez les Béni-Zmenzer, Territoire de Tizi-Ouzou.

répondent : Nous le tenons de nos pères, et nous le léguerons à nos enfants comme un signe de bonheur, car c'est celui de l'ancienne voie.

Le signe de la croix est en effet le signe de leur ancienne voie ; ce sera avant peu, nous l'espérons, celui de leur régénération, comme il est le signe d'espérance et de salut pour les peuples qui ont le bonheur de le posséder.

Grande Kabylie. — Et maintenant que vous connaissez les Kabyles, ces anciens chrétiens devenus Mahométans par la force des choses et la force des armes, laissez-moi vous faire connaître le territoire qu'ils habitent.

Représentez-vous un immense pâté de montagnes superposées les unes aux autres, et formant entre elles d'étroites vallées, dont le fond sert de chemin en été et se transforme en torrents fougueux pendant les pluies de l'hiver. C'est le massif du grand Atlas, le *Jurjura* actuel.

Sur le flanc des montagnes, la verdure sombre des oliviers, des caroubiers, des figuiers, à laquelle se marie celle des vignes, cinq ou six fois séculaires, qui entrelacent leurs branches à celles des grands arbres et appuient sur eux leurs troncs énormes ; çà et là des ruisseaux, des cascades se précipitant le long des rochers ; et, partout, une flore comme on ne peut s'en faire une juste idée dans les pays d'Europe.

Sur chaque piton, sur chaque escarpement, un village formé de cabanes en terre ou en pierres, et perché comme un nid d'aigle, au-dessus des arbres et de la verdure, partout où ses habitants ont pu trouver un point inaccessible à leurs ennemis. L'œil embrasse d'un seul coup quelquefois des centaines de ces villages.

Le peuple qui habite ces montagnes forme le principal noyau de la race Berbère dont les débris couvrent, depuis des siècles, tout le nord de l'Afrique. Leurs mœurs d'aujourd'hui sont encore celles des Numides qui occupaient ce même territoire ; et le type que Salluste nous a laissé de Jugurtha, le récit qu'il nous a fait des divisions intestines de la Mauritanie trouve partout, aujourd'hui encore, son application, dans les diverses tribus Kabyles.

Et cependant, il semble qu'à la race primitive soient venus se mêler quelques débris des différentes hordes barbares qui, à différentes époques de l'histoire, ont fait invasion en Afrique. J'en ai retrouvé le type et le nom dans quelques-unes des tribus de ces montagnes, et que les Kabyles regardent comme étrangères à leur race. Ainsi il y a, au pied du Jurjura, une tribu appelée *Germinen* ; une autre porte le nom de *Wandalous*, une troisième le nom de *Ibéricen* ; une autre celui de *Fraouçen* ; une autre, encore plus considérable, celui de *Géchtoula*. Pour qui connait la langue Kabyle, ces mots dérivent évidemment des noms Germains, Vandales, Ibères, Francs et Gétules.

Les *Géchtoula* et les *Wandalous* ont un type particulier : ils ont pour la plupart les cheveux rouges, la barbe hérissée, et les yeux bleus, comme le type de la race Scandinave, tandis que les *Germinen* sont grands, blonds, et ont le nez plutôt épaté que busqué, comme le type allemand.

L'homme s'habitue à tous les spectacles, même les plus grandioses, les plus intéressants, quand il les a souvent sous les yeux ; et cependant il me semble avoir trouvé dans ce pays si beau, si accidenté, quelque chose de saisissant qu'on ne rencontre pas ailleurs, car, malgré mon séjour prolongé sur ces hautes cîmes, le spectacle de cette nature si riche et si variée, m'a toujours aussi fortement impressionné que le premier jour ; et, depuis, le souvenir qui m'est resté et de la Kabylie et de sa Mission procure souvent à mon âme les tristesses vagues du soldat, loin de ses frères d'armes et de la vie des camps.

Les montagnes plaisent à l'âme religieuse, parce qu'en général l'homme y a peu travaillé, et qu'elles font surtout admirer les œuvres de Dieu ! Mais, en Kabylie, on ne sait ce qui frappe le plus, ou de cette admirable nature que Dieu a faite, ou du travail opiniâtre du peuple qui l'habite, et qui semble avoir pris soin de ne rien déranger à l'œuvre du créateur. La race Kabyle, représentée par 500,000 habitants, sur ces montagnes abruptes, où 50,000 Européens mourraient de faim, est peut-être la plus pauvre de la terre, mais c'est sans contredit la plus laborieuse : aussi n'a-t-elle jamais cessé d'être entreprenante et forte, originale et fière.

Avec de semblables qualités, je me suis souvent demandé d'où vient que de tels hommes vivent entassés dans leurs misérables villages, qui de loin ont cependant, sur le fond de verdure qui les entoure, un pittoresque aspect, mais qui, de près, sont affreux et sales, avec leurs demeures informes, servant à la fois d'asile aux habitants couverts de sordides haillons, et à leurs bestiaux avec lesquels ils vivent pêle-mêle.

Le Kabyle, en effet, est méfiant ; et, pour se mettre en garde contre la perversité de ses coréligionnaires, il condamne famille et bétail à vivre sous le même abri, bien que l'air et la lumière n'y pénètrent qu'avec peine, car il craint les regards indiscrets du dehors. Aussi, ignore-t-il aujourd'hui les douceurs de la vie de famille, les joies du foyer domestique : Sa vie se passe toute entière à l'extérieur, et il néglige complètement sa maison, où il ne se rend que pour prendre ses repas et passer la nuit.

Mais, que l'Evangile éclaire de nouveau cette race qui a donné à l'Eglise de si grands évêques, des docteurs si éloquents, des saints et des saintes si illustres, et on la verra sortir du sépulcre de boue et de fumier où l'Islamisme la tient ensevelie ; et la croix, en s'arborant sur le faîte de ses villages, illuminera, en la transformant, non seulement cette imposante nature à qui, on le sent, il manque quelque chose, mais encore ce peuple tout entier, qui a conscience de sa force et pourtant de son infériorité ▬▬▬. semble n'attendre qu'un signal pour reconquérir, au milieu des nations, le rang que lui méritent ses qualités, et qu'il est peut-être à la veille de reprendre, en sortant de cette longue léthargie qui a pesé sur lui, sans rien lui ôter de son enthousiasme ni de sa vigueur.

Oui ! quand la Loi de l'Evangile gouvernera ces consciences, quand le Décalogue obligera chaque membre d'un village au respect des biens et de la femme d'autrui, alors les causes de méfiance disparaîtront ; et l'homme, instruit par la Religion, cherchera le bonheur dans sa famille, entre sa femme et ses enfants. C'est désormais de ce côté-là qu'il aimera à tourner son cœur, car son foyer devenant pour lui un sanctuaire de bonheur, il s'en éloignera moins souvent, et travaillera même à l'embellir pour le rendre agréable à ceux qu'il aime.

N'est-ce pas là l'histoire non-seulement des familles chrétiennes, mais encore de toutes les cités et de toutes les nations, à mesure qu'elles se sont transformées sous le souffle civilisateur du christianisme?

Administration civile des Kabyles. — Ce qui caractérise les Kabyles, comme toute la race Berbère, c'est une indomptable énergie, l'amour du travail, l'instinct de l'indépendance la plus complète, et l'impatience de toute espèce de joug.

En Kabylie, chaque village s'administre comme il l'entend, sans qu'il permette jamais à un autre village, même à sa tribu, de s'immiscer en quoi que ce soit dans ses affaires. L'autorité réside dans tous les citoyens d'une même localité, quand ils sont réunis en *Djemâ* ou assemblée. Là, toute décision prise est sans appel, et ce conseil prononce sur tout : impôts, amendes, procès, paix ou guerre.

Cette assemblée est tenue dans une sorte de hangar public, où sont disposés de larges bancs en pierres qui s'élèvent en gradins. C'est le *forum* du village, là où tous ces rois au petit pied, viennent siéger, juger, discuter, gouverner, à la façon des souverains de grandes nations.

La fréquentation assidue de ces conseils où tous les citoyens doivent se trouver à jour fixe, sous peine d'amende, pour y traiter leurs propres affaires, a développé singulièrement chez le Kabyle le respect de l'autorité, l'amour de l'égalité, le sentiment de ses droits et ses devoirs.

Un jour, je traversais une tribu, accompagné d'un chef Arabe. Celui-ci, qui avait tous les préjugés de sa race contre les anciens maîtres du sol, ne tarda pas à chercher l'occasion de montrer ses sentiments envers les Kabyles. Nous avions demandé l'hospitalité à la tribu ; aussitôt on nous avait fait conduire à la maison des hôtes, et un homme du village était là pour nous tenir compagnie. Tandis qu'on soignait nos montures et qu'on nous préparait un repas, mon compagnon s'adressant au Kabyle qui était resté avec nous, lui dit d'un air dédaigneux :

— Dis donc, mangeur de glands, qu'ès-tu donc ici ? chef, hôtelier ou serviteur ?

Le Kabyle se redressa avec dignité, et lui fit cette fière réponse :

— " Puisque tu tiens à le savoir, sache que je ne suis ni chef, ni hôtelier, ni serviteur. — Je suis roi ! "

— Comment, roi ?

— Oui, car personne me commande ou me gouverne, si ce n'est la loi de mon pays."

Le Kabyle en effet, dans son indépendance presque absolue, ne consent jamais à se soumettre à aucune autorité qu'à la volonté de sa *Djemâ*, c'est-à-dire à l'avis, explicitement exprimé, de chacun de ceux au milieu desquels il vit.

La forme de son gouvernement est certainement la plus démocratique qu'il y ait dans le monde. En Kabylie, aucune fonction n'est héréditaire. Chaque *Djemâ* prend où elle veut son *Amin* (chef civil) et son *Oukil* (gardien du trésor public) ; et elle les révoque quand bon lui semble, après leur avoir fait rendre compte de leur administration, qui du reste peut être contrôlée à chaque instant.

Pour contrebalancer davantage l'autorité de l'*Amin* ou chef principal du village, la *Djemâ* ne manque jamais de lui donner pour *Oukil* celui qui passe dans le village pour être son adversaire déclaré. Et cependant les fonctions de l'*Amin* se réduisent à bien peu de chose : elles consistent simplement à faire exécuter les décisions de la *Djemâ*, et à sauvegarder les intérêts de tous, tout en respectant les droits de chacun.

C'est lui qui régularise, entre les habitants, l'impôt et les taxes votés par la *Djemâ*. Ce qui n'empêche pas que chaque individu peut toujours en appeler à l'assemblée de ses concitoyens, s'il se croit lésé dans quelqu'un de ses droits par l'administration du chef.

Je ne connais pas de peuple où l'égalité soit plus grande, plus complète, entre les différents membres d'une même société. Partout ailleurs la fortune, le savoir, la position établissent des degrés que les moins privilégiés ont souvent de la peine à franchir. En Kabylie, le dernier *Fellah* (journalier) ne traite jamais que d'égal à égal avec le riche propriétaire au service duquel il travaille ; et le premier venu d'un village ira, tout couvert de haillons, prendre place à la *Djemâ*, entre les chefs qu'il s'est donnés, pour discuter leur administration, et au besoin les traduire devant l'assemblée. Son avis, s'il est judicieux, sera écouté et suivi aussi bien que celui d'une *tête de çof* (chef de parti).

Mais ce qui, en tout cela, m'a le plus frappé, c'est que de tels rapports ont lieu de la manière la plus naturelle. Je n'ai jamais remarqué de l'insolence chez le petit en face du grand, ni de la morgue chez celui-ci, quand il traite avec ceux que le rang ou la fortune a placés au-dessous de lui.

Loi Kabyle, ou Kanoun.—A côté de l'organisation administrative si remarquable des Kabyles, est placée une force législative toute aussi intéressante, c'est le *Kanoun*, ou Code de Lois, non écrit, mais oral et traditionnel, dont le fond est le même partout, mais qui, dans son application, varie de village à village. Grâce à cette institution, aussi vieille que la société Kabyle, il n'est peut-être pas de peuple où l'arbitraire soit plus inconnu que parmi ces fiers montagnards.

Le *Kanoun* atteint tout le monde également ; il protége le faible contre le puissant, et le riche contre les convoitises du pauvre. Les délits, quels qu'ils soient, sont prévus et punis par ce code étrange reçu des anciens, appris dès l'enfance, dont chaque citoyen est dépositaire, que la *Djemâ* seule a le droit d'appliquer, et qui est également respecté de tous, grands ou petits, sous peine de bannissement.

Par l'exposé qui précède de l'administration Kabyle et de ses lois, il est facile de voir que toutes les institutions de ce pays semblent n'avoir qu'un but : le respect de la liberté et de l'indépendance individuelles. Le *Kanoun* lui-même est moins une loi qui entrave la liberté d'action des citoyens qu'un règlement de police qui assure à chacun l'exercice complet de son indépendance, car chez ce singulier peuple, la loi se plie plutôt aux exigences de la liberté individuelle que cette liberté ne se plie aux exigences de la loi.

Partout ailleurs, l'homme disparaît devant la société ; en Kabylie c'est l'inverse : l'individu l'emporte sur tout le reste ; sa personne est inviolable, et les lois, l'autorité, les services publics semblent être constitués uniquement pour le protéger envers et contre tous.

C'est au point que la loi, ou *Kanoun*, ne permet pas même qu'un coupable, quel qu'il soit, puisse être condamné, soit à la mort, soit à la prison, soit même au bâton, peine si commune chez les Arabes. C'est l'amende seule qui est employée. — " Le bâton, disent-ils, dégrade l'homme, et la prison lui enlève ce que Dieu lui a donné de plus précieux, l'indépendance. Quant à la vie, elle appartient à Dieu. Lui seul a le droit de déterminer le moment où il la reprendra."

Si par hasard un coupable ne peut payer l'amende, on lui prendra une terre ; s'il n'en a pas, on se contentera de démolir son toit, ou tout au plus de raser sa maison — ce qui l'oblige alors à changer de tribu.

Quant au meurtré, chose remarquable, la loi ne s'en occupe jamais ! C'est aux héritiers de la victime à venger comme ils l'entendront le sang répandu.

Mais si le meurtrier a le temps de s'échapper, et de quitter la tribu où toute une famille est à sa poursuite, le village où il s'est réfugié lui accordera pleine et entière protection sur toute la surface de son territoire. Aussi n'osera-t-on jamais venir l'y attaquer. Ce serait un cas de guerre, et tous les citoyens ne manqueraient pas de prendre les armes pour venir faire respecter l'intégrité du sol qu'ils habitent.

La famille outragée attendra donc, s'il le faut, de longues années, une occasion qui fera sortir l'assassin de son lieu de refuge, pour lui tendre un guêt à pens, l'attirer, et venger par sa mort le sang dont il avait cru se souiller impunément.

Dans la dernière tribu Kabyle, où j'avais ma résidence avant de venir ici, se trouve un homme, de nos bons amis, appelé Ali. Son père a été tué, il y a quelques années, par un membre de la famille hostile à la sienne. Les fils tinrent conseil, mais jugeant que le temps de la vengeance n'était pas venu, ils prirent le cadavre de leur père, et l'enterrèrent sous la porte de leur cabane. Un jour qu'ils m'avaient conduit chez eux, ils me dirent de faire un plus grand pas, en franchissant le seuil. — "Tu es notre ami, et il ne convient pas que tu foules à tes pieds les cendres de notre père."

Surpris de la chose : — "Pourquoi donc avez-vous choisi un lieu si incommode pour ensevelir votre père ?

— "C'est, répondirent-ils, afin que toujours nous et nos enfants puissions entendre la voix qui là-dessous crie vengeance. Malheur à nous, si nous venons à oublier que nous avons cette injure à laver ! Mais alors nos enfants s'en souviendront ; s'ils sont, eux aussi, assez lâches pour l'oublier, ce corps restera là jusqu'au jour où un de nos petits enfants se fera le vengeur de la mémoire de son grand-père. Ce jour-là seulement les ossements apaisés seront tirés de cette place, et déposés près de ceux de nos ancêtres dans le cimetière de la tribu." —

2

Avec de telles mœurs, on conçoit que la *vendetta* soit très en honneur dans le pays. Il y a en effet là, comme en Corse, de ces haines séculaires entre familles, transmises comme un héritage aux descendants qui, le plus souvent, en ignorent l'origine.

Je me rappelle l'étonnement des Kabyles, la première fois qu'ils me demandèrent de leur indiquer comment les chrétiens priaient. Je leur récitai le *Pater*; ils trouvèrent cette prière magnifique, mais il y eut un passage qui les surprit très-fort. C'est celui-ci : " Pardonnez-nous nos offenses comme nous pardonnons à ceux qui nous ont offensés."—Comment, s'écrièrent-ils, vous pouvez pardonner vos offenses ? A nous c'est impossible ! Vous êtes plus grands que nous sous ce rapport, vous êtes presque comme Dieu ; c'est le seul que nous connaissions jusque là qui soit assez généreux pour pardonner.

II.

DÉSERT. — TRIBUS NOMADES.

SOMMAIRE.—Vie pastorale des Arabes.—Le Sahara et ses oasis.—Les Caravanes.—Mirage et *Simoun*. — Voyageurs égarés.—Chasse à la gazelle et à
l'autruche. — Hospitalité sous la tente. — Nourriture. — Breuvage. — Un
repas au Mzab.—La prière chez les Musulmans.—Beauté des nuits dans le
Sahara.—Charmes de la vie Nomade.

Mesdames et Messieurs,

Vous venez de faire connaissance avec les peuplades Berbères
ou Kabyles. Ce sont les descendants des vieux Numides, les
anciens diocésains de St. Augustin et de St. Cyprien, qui peuplent
aujourd'hui les hautes cimes du grand Atlas.

Au Désert, les races sont différentes et la nature aussi. L'Arabe,
en effet, est de race Sémitique, tandis que le Berbère descend,
comme nous, de Japhet. Ses usages, sa langue, son génie, sont
tout autres que ceux des Kabyles. Il tire son origine des anciens
patriarches par Ismaël, fils d'Abraham ; et, de tous les peuples de
l'Orient, c'est lui, sans contredit, qui a conservé le plus fidèlement
la vie pastorale de ses pères.

Les Kabyles forment une société organisée, bien que mutilée
par des municipalités absolument indépendantes les unes des
autres, sans aucun centre d'administration et de gouvernement.
Au Désert, les choses sont encore plus élémentaires. Ils ne recon-
naissent la loi de personne. Le *Régime* qu'on peut appeler *de
famille* est seul en vigueur, comme au temps de la Genèse. Chaque
patriarche, ou chef de famille, administre sa tribu comme il l'entend : c'est d'ordinaire un vieillard qui prend le nom de *cheikh*.
Ils sont tous indépendants les uns des autres. Toutefois certains
individus exercent une plus grande influence sur un territoire, non
pas seulement comme chefs, mais à titres de prêtres ou *marabouts*.

Vie pastorale des Arabes. — Ce régime moitié patriarchal, moitié
théocratique, encore en vigueur dans toutes les tribus de cette race,
a pu traverser plus de quarante siècles sans se modifier. Dans tout
l'Orient, hommes et choses restent en dehors des caprices de la

mode, et se transforment peu. Le propre du peuple Arabe est en effet de peu changer, car il n'y a de progrès que chez les nations disciplinées et laborieuses, et l'Arabe professe un mépris souverain pour la discipline et le travail. Quand on voit de près sa vie, on est frappé de l'analogie qui s'y trouve avec celle des personnages Bibliques. C'est la même existence errante, méditative et toute empreinte de religiosité, les mêmes coutumes, le même milieu où se meuvent ces immenses troupeaux, et souvent ces nombreux esclaves au service d'un chef de famille ; c'est aussi le même calme d'une existence qui n'est accidentée que par des intrigues privées, ou les répressions à main armée de ces fréquents et hardis coups de main que l'Arabe appelle aujourd'hui *razzias*.

Aussi en lisant quelque épisode de la vie d'Abraham, de Loth, de Jacob chez Laban ou en course à travers le désert, on n'a pas de peine à se persuader que le plus fidèle commentaire de la Genèse se trouve surtout dans les coutumes actuelles des tribus Sahariennes, dans les mœurs toutes primitives des Arabes de nos jours.

Le Sahara et ses Oasis. — Cette race si intéressante promène ses troupeaux et ses tentes dans un pays plus intéressant encore : le Sahara ou Grand Désert. C'est une immense contrée située entre le 35e et le 15e degré de latitude, et ayant pour limites à l'ouest l'Atlantique, à l'est l'Egypte, c'est-à-dire environ 40 degrés de longitude.

La physionomie du Désert est celle d'une vaste mer de sable, parsemée d'Oasis qu'on rencontre de loin en loin, jetées comme des îles, comme une sorte d'Océanie terrestre au milieu de cette immensité.

Rien de beau et de frais comme ces oasis, ou bouquets de verdure, perdues au milieu des sables brûlants. Quelques unes d'entre elles sont réellement belles et agréables. Celle de Gardaïa, en particulier, est certainement la plus remarquable de toute la partie du Désert appelée *Pays des Dattes* : Elle compte plus de 80,000 palmiers parfaitement arrosés ; et j'avoue que mon imagination ne s'était jamais représenté une végétation si riche, si pleine de magnificence.

Je n'ai rien rencontré, dans ma vie, de comparable à l'épais fouillis qui se remarque dans tous les jardins de cette belle oasis : des pampres énormes de vignes étendent leurs bras, tout chargés de fruits et de feuilles, comme d'agréables festons courant d'un arbre à l'autre. Ils sont disposés de manière à former une sorte de treillis de feuillage, à douze ou quinze pieds au-dessus du sol, et par dessus les grenadiers, figuiers, orangers et abricotiers, répandus en grand nombre entre les dattiers.

Quatre ou cinq sortes de cultures différentes sont, en effet, étagées les unes au-dessus des autres, depuis l'orge qui pousse pêle-mêle avec d'autres légumes, dans de petits carrés d'un mètre environ, arrangés avec la main, et que l'eau, distribuée en nombreux canaux, va visiter chaque jour, jusqu'aux cîmes superbes du palmier qui balance, à cent pieds dans les airs, ses touffes de palmes vertes, et fait mûrir ses énormes régimes de dattes sucrées à un soleil de feu.

Les caravanes. — Quelquefois les oasis sont assez rapprochées les unes des autres ; d'autres fois, elles sont à de grandes distances ; plusieurs journées de marche les séparent. Dans ce dernier cas, on ne peut se rendre qu'en caravane de l'une à l'autre. Ces caravanes sont de deux sortes, celle d'une tribu en course, et la caravane marchande. Ce sont les caravanes marchandes que j'avais l'habitude de suivre, pour mes excursions dans le Désert.

La vie y est plus dure, plus pénible ; mais, à leur suite, on peut s'initier davantage aux mœurs et coutumes de ces peuples extraordinaires. Une caravane marchande se compose d'ordinaire de 100 ou 200 chameaux, et d'une cinquantaine d'Arabes, armés de longs fusils, pour la protéger contre les incursions des pillards.

S'il n'y avait pas, dans le désert, l'Arabe et son chameau, il serait, je crois, impossible de parcourir ces immenses espaces de sable et de feu.

Un Anglais au génie tenace et aventureux, Livingstone, a eu la pensée d'ouvrir le centre si riche et si intéressant de l'Afrique à la civilisation et au commerce européen. Malgré son génie et ses éminentes qualités, il n'a pas pu réaliser son programme. Dans sa dernière expédition, il est allé échouer au milieu de quelques peuplades nègres, après avoir découvert le grand lac Victoria, à quelques semaines de marche du Zambèse. Il eût réussi dans sa généreuse entreprise si, au lieu de prendre la route du Sud, et en second lieu celle du Sud-Est, il eût choisi la ligne du Nord pour pénétrer au Soudan, car au lieu des nègres et de leurs bœufs, il eut trouvé là, pour guides et pour conducteurs, l'Arabe et son chameau.

Il semble en effet que Dieu ait créé l'Arabe tout exprès pour être, dans ces contrées, le véhicule des idées, comme le chameau est le seul véhicule possible du commerce et de l'industrie, à travers cette mer de sable où l'herbe refuse de pousser, et où l'eau, toujours très-rare, ne se trouve souvent qu'à l'état de vase ou de bourbier.

Rien d'intéressant, comme de voir une de ces nombreuses caravanes traversant le désert, et de vivre quelque temps de cette vie ! Le chameau s'en va à pas comptés, broutant quelques rares broussailles qu'il rencontre sur sa route. C'est à peu près toute sa nourriture.

Derrière lui, l'Arabe marche à pied, quelquefois sur sa cavale, mais toujours avec son air impassible et rêveur. Par intervalle sa voix perçante s'élève et entonne un de ces airs que l'on n'entend que là. Le plus souvent, il improvise son chant qui, presque toujours, respire toutes les passions à la fois : la haîne, l'espoir, la vengeance. Il arrive souvent que les autres voyageurs, électrisés par l'improvisateur, prennent part au chant en répétant, tous ensemble et en chœur, une espèce de refrain qu'ils composent euxmêmes. Alors notre chanteur, encouragé, se laisse aller à toute l'impétuosité de sa verve ; son rithme, traînard au commencement, s'accélère, sa voix devient moins gutturale et plus vibrante, et le chant se transforme en une de ces belles mélodies dont Félicien David a si bien su trouver le secret.

Quelquefois ces chants, accompagnés de fifres et d'instruments de percussion, ont quelque chose de discordant. Mais l'oreille s'y fait, et y trouve même, dans ce désert, un charme tout particulier. Toute autre musique n'aurait pas, ce me semble, sa raison d'être dans ces immenses solitudes. Il faut quelque chose de plus monotone, mais de grandiose, comme la nature elle-même ; il faut aussi quelque chose de plus grave et de plus mélancolique, car, je l'ai souvent éprouvé moi-même, le désert, comme la mer, rend l'âme sérieuse et méditative et la porte à s'élever vers Dieu.

C'est peut-être l'aspect imposant du Sahara qui contribue à donner aux Arabes qui l'habitent cette gravité calme, cette impassibilité digne, qu'on s'explique si peu avec la pétulance de leur caractère. Aussi, quand du haut de son chameau comme du pont d'un navire, le voyageur parcourt de l'œil ce tour immense de l'horizon, il sent quelque chose monter malgré lui de son âme vers Dieu comme le chant d'une prière ou le murmure d'un cantique.

Mirage et Simoun. — Mais revenons à notre caravane en marche. A certaines heures de la journée, la gaieté et les chants semblent tout-à-fait bannis, car il fait si chaud, qu'on a juste ce qu'il faut de force pour se tenir debout sous ce soleil de plomb.

Dans ces lieux désolés, la chaleur est quelquefois si intense, qu'à certains moments il semble que la terre va s'embraser. Dans le lointain, on aperçoit comme une flamme presque imperceptible qui flambe dans cet amosphère ardent, et flotte au-dessus du sol, voilant légèrement l'horizon ; c'est alors surtout que se produit, sur un bas-fond desséché, cet effet de lumière appelé *mirage*, et qui vient si souvent ajouter aux souffrances du voyageur altéré.

D'autres fois l'air prend des teintes plus sinistres, le ciel est plus lourd, le sable plus brûlant, l'horizon s'embrase au loin comme une fournaise. Les chameaux marchent d'un air inquiet, et les gens de la caravane suivent plus sombres, plus taciturnes que de coutume. C'est le *simoun* qui se prépare, la tempête de sable et de feu ! Tout-à-coup on le voit poindre à l'horizon, comme un gros nuage blafard. On n'a que le temps de s'arrêter. Tout le monde met pied à terre.

Il est déjà là, qui obscurcit le soleil et qui répand de partout dans l'air sa poussière impalpable et embrasée. Les chameaux mugissent, lui tournent le dos, et se couchent sur le sol, la tête entre leurs genoux, et restent dans cette position tout le temps que passe la trombe. L'Arabe, lui, s'étend le long de son chameau, ramène son capuchon sur sa tête, pour la protéger, et reste là, en invoquant le nom d'Allah.

On a répété que le *simoun* ensevelissait parfois des caravanes entières. Il est certes très-pénible et très-fatiguant, mais les

Arabes m'ont affirmé ne connaître aucun fait de ce genre. Seulement, il a quelquefois des conséquences terribles, et voici comment. Le souci principal d'une caravane en route, c'est toujours la provision d'eau. Quand on se rend en caravane d'un point à un autre, il faut toujours porter son eau avec soi, car souvent on marchera plusieurs jours de suite sans trouver un seul puits, aucune source. On enferme cette eau dans des outres en peau de bouc que l'on hisse sur la charge des chameaux ; mais il arrive quelque fois qu'au passage du *simoun*, l'évaporation produite est si forte qu'elle fait éclater les outres, et l'eau se répand sur le sol.

C'est le plus grand malheur qui puisse arriver à une caravane ; il est irréparable. Aussi, dans leurs récits, les Nomades citent-ils des caravanes entières décimées ainsi, mais non par le *simoun* lui-même. Malgré leur sobriété, la soif est un fléau qu'ils redoutent bien plus que le vent le plus brûlant.

Voyageurs égarés. — Un autre danger qui a surpris bien des Nomades et les a fait périr misérablement, c'est lorsque quelqu'un s'égare, et qu'il vient à perdre les traces de la caravane, dans ces solitudes inhabitées. Aussi, dès que l'un d'eux s'éloigne tant soit peu, ont-ils soin de lui crier : " Prends garde de perdre nos traces, le sable ne les garde pas." Quand un voyageur s'égare ainsi, ils croient que ce sont des fantômes appelés *Djenouns*, ou génies, qui l'attirent loin de la direction suivie, et le laissent périr misérablement.

Ce malheur a failli m'arriver un jour ; en conversant avec un des cavaliers de la caravane, nous étions restés en arrière, et avions fini par en perdre les traces, à travers les dunes de sable qui, de distance en distance, mouvementent le terrain.

Nous ne tardâmes pas à nous en apercevoir, et aussitôt je vis, à l'inquiétude de mon compagnon, que nous étions sérieusement égarés. Non loin de là, s'élevait un petit mamelon sablonneux qui semblait dominer le reste de la plaine. Nous y courûmes, pour voir de quel côté s'était dirigée la caravane. Mais vainement ! Nous n'aperçûmes rien, que l'immense espace devant nous, tout embrasé des feux du soleil ; pas un être vivant, pas une trace !... Je compris alors toute notre imprudence de ne pas avoir écouté l'avis de nos gens : ''Prenez garde, ne perdez jamais de vue la caravane ; ici la direction est partout la même, car les chemins n'existent pas.'' Nous suivîmes pendant près d'une heure la ligne du Nord au Sud que nous avions gardée jusque là, et que devait tenir la caravane, sans rien découvrir. Notre position devenait critique, car le soleil baissait, et rien avec nous, ni nourriture, ni eau pour boire, ni orge pour les chevaux qui nous servaient de montures. Mes yeux interrogeaient toutes les lignes de l'horizon ; pas un point en mouvement ! l'inflexible cercle toujours immense, toujours immobile !

Quant à l'Arabe, mon compagnon, il ne s'avançait qu'avec précaution, et ses yeux restaient fixés au sol. Il me paraissait surtout occupé à examiner, avec le plus grand soin, chacune des rares tiges de broussailles qui croissent çà et là à travers les sables. Tout-à-coup il poussa un cri de joie, et mettant pied à terre, prit une touffe d'absinthe sauvage dans sa main : ''Père, s'écria-t-il, nous sommes sauvés ! la caravane est passée là : un chameau a mordu dans cette touffe.'' Aussitôt il se remit en selle, et nous partîmes au galop dans la direction du Sud. En effet, au bout de dix minutes, nous apercevions, à notre droite, une section de la caravane qui, dans le lointain, disparaissait derrière les plis du terrain ; puis, dans toutes les directions, des cavaliers épars et inquiets, tirant en l'air des coups de fusil que la distance, jusque-là, nous avait empêché d'entendre. Quand ils nous aperçurent, les décharges redoublèrent en signe d'allégresse, et pour prévenir les plus éloignés que nous étions retrouvés. Notre satisfaction fut bien vive, de notre côté, quand nous reparûmes au milieu d'eux. Nous venions d'échapper à un des dangers les plus terribles pour des voyageurs au désert.

Chasse à la gazelle et à l'autruche. — Mais à côté de ces moments pénibles, il y a, au Sahara, bien des distractions.

Une des principales, et pour laquelle les Arabes se passionnent, c'est la chasse. Il y en a de deux sortes : chasse à la gazelle, chasse à l'autruche.

La première se fait à l'aide d'énormes chiens lévriers (*sloughi*) que je n'ai jamais rencontrés qu'au Sahara. Cet animal, lancé sur une troupe de gazelles, lorsqu'on a pu les tourner en s'embusquant contre le vent, fait des bonds prodigieux dans le troupeau qu'il éparpille en un clin d'œil, non sans briser les reins de plusieurs. Les autres se précipitent, affolées, entre les jambes des chasseurs dont les balles en font une boucherie.

Quant à la chasse à l'autruche, elle se fait à l'aide de chevaux que l'on prépare plusieurs semaines à l'avance, en les faisant courir quatre ou cinq heures par jour, au plus fort du soleil. Le but d'un pareil exercice est de les faire maigrir, tout en leur conservant la plus grande souplesse.

Les cavaliers qui doivent prendre part à la chasse se distribuent en deux catégories, les *rabatteurs* destinés à ramener les autruches dans une même direction, et les *coureurs* plus spécialement réservés à la poursuite de l'animal.

Ainsi préparés, ils s'échelonnent à plusieurs milles de distance sur une seule ligne, suivant toujours la direction du vent. Leur plus grand soin est de bien se dérober, eux et leurs montures, derrière les accidents du terrain.

Mais une telle chasse ne peut jamais se faire qu'au plus fort de l'été, car il faut que les autruches, qui ont coutume de parcourir, par petites bandes, les lieux les plus isolés, soient forcées par la soif de se rapprocher de certaines mares d'eau bourbeuse, où les caravanes viennent renouveler leurs provisions.

Une fois que tout est disposé pour la chasse, les Arabes viennent s'embusquer autour de ces mares, avec leurs chevaux décharnés, sans selle, ayant une simple ficelle pour bride, afin de pouvoir les guider, sans trop les charger. Dès que les autruches sont arrivées près de la mare, les *rabatteurs* se lancent sur elles, en ayant soin de leur faire prendre la direction occupée par les coureurs. A cause de leur grande célérité, elles ont bientôt dépassé les chevaux ; mais aussitôt un des coureurs qui attendent leur passage pour se mettre à leur suite, se précipite derrière elles, jusqu'à ce que son cheval, épuisé, soit trop distancé ; et alors c'est le tour d'un autre ; ils se relèvent ainsi de distance en distance.

A la fin, l'autruche haletante, cherche une touffe de broussailles, va y placer sa tête pour la cacher, et reste, dès lors, complètement immobile, se croyant en pleine sécurité. C'est là que les chasseurs les frappent de leurs balles, les dépouillent de leurs plumes et de leur peau, qui se vendent bien cher, et se mettent aussitôt en devoir de couper leur chair par quartier pour la saler et la manger. Le meilleur morceau est le foie. La graisse se met à part, car les Arabes en font une panacée qui, selon eux, peut guérir toutes sortes de maladies.

Tels sont les principaux divertissements qui viennent accidenter la vie du désert, sous la forme d'une chasse à la gazelle ou à l'autruche.

Hospitalité sous la tente.—Mais ce qui rompt d'une manière encore plus agréable la monotonie de cette existence, c'est lorsqu'une caravane a la bonne fortune d'apercevoir, dans le lointain, les tentes d'une tribu de Nomades, accompagnés de leurs troupeaux.

Aussitôt, on pique de ce côté, car, chez les Arabes, l'hospitalité est un droit sacré ; elle s'y pratique d'une manière toute patriarchale et avec un désintéressement qu'il est difficile d'expliquer. On dirait que, dans ces lieux presque toujours inhabités, les hommes éprouvent comme une véritable jouissance à rencontrer leurs semblables : le voyageur est toujours sûr d'avance qu'il sera bien accueilli, et que le repas du soir, appelé *diffa*, sera plus abondant, servi par les hôtes, que celui préparé par des chameliers en route.

Voici comment la chose se passe.

Quand la caravane est arrivée à environ un mille du *douar* (cercle formé par les tentes) on fait halte, après quoi chaque cavalier se dirige vers une habitation différente, à travers des meutes de chiens qui font un tapage assourdissant. Devant chaque tente est le maître, couché à côté de son fusil, et qui regarde d'un air distrait venir l'étranger. Quand celui-ci n'est plus qu'à quelques pas, il s'arrête, et crie du haut de son cheval :

"*Asselamou âlikoum,*" le salut soit sur vous.

"*Selam*" (salut), répond le maître de la tente, toujours couché.

"*Ia moul el khreîma, daïf rebbi,*" dit le voyageur, ce qui veut dire : O maître de la tente, voici l'hôte de Dieu !

A ces mots, le maître se lève, met la main sur son cœur, et répond en s'inclinant :

" *Merhaba bik*," la bienvenue soit sur toi.

Aussitôt il s'empresse, chasse les chiens, s'approche du cavalier, baise sa main, ses genoux, lui tient l'étrier pendant qu'il met pied à terre, et immédiatement fait étendre des tapis ou des nattes sur le sable et, quand il s'en trouve, à l'ombre d'un arbre, pour que tout le monde puisse s'asseoir et converser. En même temps le maître donne des ordres pour qu'on prenne soin des montures, car chevaux et cavaliers sont à la charge de la tribu tout le temps qu'on y séjourne.

On a soin d'apporter au nouveau venu, (*l'hôte de Dieu,*) ce qu'il y a de meilleur sous la tente, des dattes, du lait et du miel, afin que tout d'abord il puisse prendre un peu de nourriture.

Pendant ce temps, les femmes s'empressent, l'une à allumer, derrière la tente, un grand feu qui doit servir de cuisine, d'autres à préparer tout ce qu'il faut pour faire cuire sous la cendre leurs galettes ou petits pains noirs et épicés. On croirait assister chaque fois à la scène d'Abraham recevant les trois anges voyageurs.

Pour le soir, il y aura un mouton entier, cuit en plein vent, à une espèce de broche improvisée, et servi sur un large plat en bois, par dessus un énorme kous-kous fortement pimenté. Le plat est déposé à terre ; chacun s'accroupit à l'entour, et commence à faire travailler mains et mâchoires, car, dans ces contrées, les cuillères sont rares, et les fourchettes tout à fait inconnues. On aura soin cependant de ne pas découvrir le fond du plat : c'est la *Baraka* ou bénédiction, laissée par les voyageurs ; et ce sera la part des femmes qui, pendant tout ce temps, ne doivent pas se montrer hors de la tente.

C'est ainsi qu'ont coutume de traiter leurs hôtes les Arabes pasteurs, chez lesquels, à cause de leurs troupeaux, on rencontre une certaine abondance. Dans d'autres endroits, plus désolés, les choses se passent autrement, car il y a des points du Désert où l'herbe ne vient pas : on n'y rencontre que le sable aride et mouvant. Les troupeaux s'en éloignent, et alors la vie matérielle devient bien dure, bien pénible.

Nourriture.—Un de ces points est habité par la tribu Berbère appelée Béni-Mzab dont j'ai déjà parlé. Ils n'ont pas de troupeaux ; mais ce sont eux qui se partagent avec les Juifs le petit commerce algérien ; l'or abonde donc chez eux ; et cependant, à cause de la pauvreté de leur territoire, ils ne peuvent avoir aucune recherche dans leur nourriture. (1)

Personne, même les plus riches, n'y mange jamais du pain de blé. C'est l'orge seul que l'on sème de partout, parce qu'il vient plus vite, demande moins d'eau et produit davantage. Encore ne sert-il pas à faire ni pain, ni galettes, toutes choses rares au Mzab. La nourriture en usage est un kouskous d'ordinaire bien sec, assaisonné de rares légumes cueillis dans l'oasis, le tout affreusement poivré et pimenté.

Souvent, l'oasis ne produit pas assez de légumes pour nourrir tout le monde. Dans ce cas, on sème un peu d'orge à l'ombre des palmiers, dans un endroit qu'on a soin de tenir arrosé ; et dès qu'il est poussé, ce qui ne tarde pas, avec l'eau et la chaleur, ils s'empressent de le manger en herbe, avec un peu de sel. Plus d'une fois, j'ai dû me régaler de ce festin primitif.

Quant à la viande fraîche, elle y est totalement inconnue la plus grande partie de l'année. On n'en trouve que vers le printemps, lorsque la pluie a permis à quelques Nomades, d'amener leurs troupeaux de ce côté pour profiter du peu d'herbe qui, à cette époque, pousse dans les vallées. Le reste de l'année le sol est trop aride pour qu'on puisse y nourrir des animaux. Aussi font-ils alors des provisions pour les neuf ou dix mois de sécheresse qui vont suivre.

Avant le départ des Nomades, ils achètent de grandes quantités

---

(1) Le Mzab se dresse au milieu du vaste Sahara, qui de partout l'environne de ses sables ; il a la forme d'un immense pâté de rochers arides, à la couleur sombre et presque fauve, comme la peau d'un lion.

Presque d'un bout à l'autre, le sol Mzabite n'est qu'une croûte affreusement dénudée, et formée, en partie, de roches noires, semblables à des pierres passées au feu. Cet aspect qu'elles revêtent ainsi avait déjà frappé les Anciens. Pline, dans son *Histoire naturelle*, (*Livre V, Ch. I,*) parle de la première expédition romaine que le préteur Suétone Paulin amena dans ces parages, vers l'an 41 de J.-C. Or, il nous apprend que ce général, après avoir franchi l'Atlas, rencontra, au-delà de la rivière Djer (probablement l'*Oued Djedi*), des solitudes couvertes de poussière noire, d'où surgissent, çà et là, des rochers qui semblent noircis par l'action du feu, "*per solitudines nigri pulveris, eminentibus interdùm velut exustis cautibus.*"

de moutons, les tuent et les salent pour les conserver. C'est la viande qu'on utilisera la première, car elle ne se garde ainsi que quelques mois. Pour l'arrière saison, ils abattent des agneaux, les exposent à la circulation de l'air chaud, pour les faire dessécher, après les avoir soigneusement dépouillés de toute leur graisse. L'animal se raccornit, et, au contact de l'air sec et chaud, se réduit à l'état de squelette parcheminé. On le met ainsi en réserve jusqu'à l'été, où il figurera les jours de festin. Quand on voudra le faire cuire, on le fera auparavant détremper dans un bassin d'eau, pour en faire revenir les chairs. La graisse se sale et se conserve à part, dans des peaux de chèvres.

C'est ainsi qu'au Mzab, quand on tue un animal, rien ne se perd. On profite même des tendons et des entrailles que l'on met en réserve pour les faire dessécher, et les découper ensuite en petits morceaux dans le kouskous. Lorsque, dans ces moments de disette, il leur arrive de recevoir quelque hôte de distinction, et qu'ils veulent, pour lui faire honneur, préparer une *diffa* plus copieuse, ils cherchent à se procurer un poulet et quelques légumes. Même dans ce cas, j'ai pu constater bien souvent, par moi-même, qu'ils ne nettoient l'animal que très-superficiellement, et qu'ils dépouillent simplement les légumes de leurs racines, sans rien ôter, ni des feuilles, ni des épluchures.

Les Arabes, qui parcourent ces contrées, vont jusqu'à appeler ces mêmes Mozabites *Mangeurs de chiens* (*Bou-Klab*), car, disent-ils, leur pays est si pauvre en bétail qu'ils n'hésitent pas à tuer ces animaux pour avoir de la viande fraîche dans leurs festins! Or, chose bien digne de remarque, dans l'ouvrage de Pline, dont il est question plus haut, on trouve ce passage : "Les gens qui vivent dans ces parages sont appelés *Canarii*, parce que le chien est leur nourriture ordinaire, ainsi que la chair des bêtes féroces."

Breuvage.—Mais ce qui surtout fait le tourment des voyageurs dans tout le Sahara, c'est la boisson. Pour le vin, on ne peut s'en procurer à n'importe quel prix; il faut porter avec soi celui dont on a besoin pour célébrer la sainte messe. La bière y est inconnue. Quant à l'eau, elle est partout tiède, saumâtre ou salée. De plus, il ne s'en trouve que dans les oasis; et, pour voyager, on est obligé d'en emporter avec soi, et de la tenir dans des outres en peaux de bouc, velues à l'extérieur, et goudronnées à l'intérieur, ce qui lui donne un goût fort repoussant. En la buvant, je ne pouvais m'empêcher d'avoir, en imagination, devant les yeux, l'eau si claire, si limpide et si fraîche de nos sources. Cela prenait quelquefois les proportions d'un cauchemar, qui devenait un supplice bien fatiguant, car il me poursuivait partout.

En parcourant ces lieux, si désolés, on comprend mieux pourquoi Dieu, aux promesses qu'il faisait à son peuple, joignait celle d'une eau abondante : "Effundam enim aquas super sitientem, et fluentia super aridam ; et germinabunt inter herbas quasi salices juxta præterfluentes aquas. (Is. 44..5.)

Les Arabes, dont la sobriété est proverbiale, souffrent eux-mêmes quand ils traversent quelques-unes de ces solitudes, au point qu'ils ont donné à la partie du Désert qui s'étend entre Laghouat, Tuggurt et le Mzab, le nom de *Blad el Attoch*, (*le pays de la soif.*)

Le tempérament d'un missionnaire européen, destiné à vivre au Sahara, doit donc forcément se faire à toutes les privations comme à toutes les nourritures, même les plus dégoûtantes. Une nature délicate ou exigeante ne pourrait se faire longtemps à cette vie, car l'estomac refuserait ces aliments, où, bien des fois, tous les ingrédients même les plus hétérogènes viennent se rencontrer.

Un repas au Mzab.—Après le Touareg, le Mzabite est peut-être le peuple de la terre qui se nourrit le plus mal. En outre, pas plus que l'Arabe, il n'a le sentiment, je ne dirai pas de la délicatesse, mais de la propreté dans la préparation des mets. On y trouve toutes sortes de choses qui certainement seraient mieux ailleurs, et qui ne peuvent que rabattre un appétit européen.

Si, par malheur, votre hôte se met en tête de vous faire honneur, vous le verrez s'asseoir devant vous sur le *frache* ou tapis qui sert de siége, de table et de lit. On ne vous servira pas un plat, et vous ne pourrez prendre une seule bouchée de nourriture, sans qu'il y mette les dix doigts de ses mains, et cela uniquement par politesse, afin de mieux montrer à ses hôtes combien il s'intéresse à leurs aliments.

Il viendra déchirer, avec ses doigts dégoûtants de saleté, des bouts de viande ou des morceaux de légumes, qu'il placera ensuite devant vous pour que vous puissiez les manger, sans avoir la peine de les chercher vous-même ; d'autres fois, il pétrira tout ensemble du beurre et du miel dans ses mains, et les mêlera, partie par partie, avec chaque cuillerée de Kouskous que vous allez prendre.

C'est à regretter les repas simples et frugals de la caravane qui, en traversant le désert, n'a souvent pour tout aliment que du maïs grillé, ou de l'orge écrasé et délayé dans l'eau des bourbiers ; mais au moins, là, chacun pour soi : la marche, la fatigue et cette longue abstinence forcée, ont excité l'appétit de tous, en sorte que l'on prend fraternellement en commun sa maigre pitance, sans que personne ne se donne pour mission de vous aider à manger.

La prière chez les Musulmans. — Le repas fini, on entend une voix grave et solennelle crier :

— "*Selamalek, alikoum esselam.*

— *Allah Akbar !*

— *Dja sâa essalat.*

— *La Allah il Allah, Mohamed rassoul Allah.*

— *Dja sâa essalat.*

— *Allah Akbar !......*

C'est la voix du Muezzin qui s'est mis un peu à l'écart et qui, debout sur un monticule de sable, appelle les croyants à la prière. Il dit :

— "Salut à toi ! salut à vous !

— Dieu est très-grand !

— Voici l'heure de la prière.

— Dieu est Dieu et Mahomet est son Prophète !

— Voici l'heure de la prière.

— Dieu est très-grand !"

Aussitôt chacun s'écarte pour prier. Le cavalier ôte ses bottes rouges en cuir Filaly (marocain), le piéton délace ses souliers sahariens, et chacun s'incline vers le sol, passe les mains sur sa face, et, à défaut de l'eau si rare au Désert, répand du sable sur ses bras, ses mains et ses pieds pour les purifier. Ils vont prier, et, disent-ils, pour paraître devant Dieu il faut être pur. Triste religion, qui impose si étroitement la puification du corps et qui ne s'occupe pas même du cœur où doit résider la vraie pureté !

Ces simagrées d'ablutions terminées, l'Arabe se tourne vers l'Orient, du côté de la Mecque, où repose le prophète, et commence sa prière dans un recueillement tel que, quoiqu'il puisse arriver autour de lui, il ne semble plus y prendre garde. Tout d'abord il se tient debout, puis s'incline, puis lève les mains tournées du côté du ciel, et enfin se prosterne par terre, et met le front dans la poussière en prononçant ces mots : " *Allah Akbar !* " Dieu est très-grand ! La même cérémonie se reproduit jusqu'à trois fois, après quoi il s'assied par terre, sur ses talons, prend dans ses mains le chapelet en grains d'ébène ou d'ivoire qu'il porte toujours à son cou, et, dans l'attitude d'un homme en repos, commence à réciter sur les quatre-vingt-dix-neuf grains de ce chapelet, les quatre-vingt-dix-neuf perfections de Dieu.

Je n'ai jamais pu voir la gravité que mettent les Arabes dans l'accomplissement de ces préceptes d'une religion toute extérieure sans en être frappé. Aussi remarquons-nous avec bonheur les heureuses dispositions de nos orphelins à une piété solide, quand le Baptême les a régénérés, et qu'une éducation religieuse a fait passer dans leurs âmes le vrai recueillement et les sentiments de foi, d'amour et de componction qui font du chrétien un homme tout intérieur et l'unissent si intimement à son Dieu.

Mais, pour les Musulmans, la prière ne consiste pas, comme chez nous, à se placer devant Dieu en suppliant. Ils ignorent ces belles demandes formulées dans le *Pater*. Dieu n'est pour eux ni un père ni un ami : c'est un maître, un despote aveugle qu'il faut craindre et adorer. En dehors de là, ils ne lui demandent rien, renfermés qu'ils sont dans leur froid et stupide fatalisme. Pour eux, la destinée de chaque homme est écrite, et Dieu lui-même ne saurait rien y changer.

Beauté des nuits dans le Sahara. —Quand les voyageurs ont fini de prier, ils remettent leur chapelet à leur cou, et chacun vient s'accroupir devant un grand feu qu'ils ont coutume d'allumer chaque soir au lieu où ils font halte. C'est là qu'ils aiment à se réunir en large cercle, pour fumer, chanter, ou prendre part à

ces interminables conversations qu'ils ont coutume de poursuivre
pendant la plus grande partie de leurs belles nuits.

Pendant la journée, l'Arabe est souvent taciturne : il la passe
d'ordinaire dans la somnolence et la torpeur, et presque sans se
remuer, même pour prendre ses repas. Mais la nuit, il semble que
ce soit un autre homme ! Tout, d'ailleurs, le porte à cette sorte de
réveil, car, au désert, autant les journées sont pénibles et fati-
guantes, autant les nuits sont délicieuses. Le corps, et même
l'esprit, accablés par l'écrasante chaleur du jour, et comme engour-
dis sous les feux brulants d'un ciel embrasé, reprennent une nouvelle vigueur dès que revient la nuit, toute scintillante d'étoiles,
toute transparante et presque phosphorescente de clartés, et tra-
versée par l'air embaumé du parfum des oasis.

Aussi l'Arabe se montre-t-il très expansif pendant ces belles
nuits, surtout quand on le voit autour d'un feu de broussailles et
d'herbes sèches, à ces réunions animées du *douar*. C'est pendant
ces longues causeries, pleines de verve, d'entrain et de joyeux
éclats de rire, qu'il aime à entendre les récits des vieillards, les
prouesses des braves, l'improvisation des poëtes. J'ai toujours
beaucoup aimé à me mêler à ces réunions et à ses conversations si
pleines de charmes qui se prolongeaient quelquefois très-avant
dans la nuit.

C'est surtout là qu'on peut connaître l'Arabe tel qu'il est, et
constate rcombien cette existence, toute misérable qu'elle pa-
raisse, leur semble, à eux, plus belle et plus attrayante que celle
des Européens. J'ai assisté, à ce sujet, à certaines causeries
bien remarquables. Une nuit, entre autres, la conversation
m'avait plus particulièrement intéressé. Quand le jour parut, je
m'empressai de l'écrire, et suis heureux de la citer ici, telle que
je l'ai retrouvée dans mes *Notes* ; elle montrera sous son vrai jour
la vie nomade de ces tribus.

Charmes de la vie nomade.—Les gens de la caravane à laquelle
j'étais mêlé, vinrent un soir, selon leur coutume, allumer un grand
feu à l'entrée de ma tente ; un large cercle s'était formé ; tout le
monde était assis ou étendu sur le sable. On avait parlé longue-
ment et de la France, et de Paris, et des chemins de fer, et des

usages d'Europe. A la fin, ils me demandèrent si je regrettais ma vie d'autrefois et si je ne préférais pas mener, comme eux, la vie Arabe. Pour les exciter un peu, je répondis qu'en Europe, il y avait plus de confort, plus de bien-être, et que je ne voyais pas ce que leur vie si pénible et si misérable pouvait avoir d'attrayant.

Il y eut comme une explosion d'éloquentes répliques. Je me borne ici aux principales raisons qu'ils me donnèrent :

" Que manque-t-il donc à l'Arabe pour être heureux dans le désert ? me dirent-ils. Qu'avez-vous que nous n'ayons pas ? et que de choses nous possédons que vous ne pourriez vous procurer ?

" Tu nous parles de vos fertiles campagnes, de vos propriétés. Mais nos terres à nous, nos propriétés, nos jardins, nos champs, ce sont nos troupeaux ! Ceux-là ont sur les vôtres l'avantage de produire beaucoup sans travail. Dieu les a faits immenses, car il les a créés pour ses fidèles de prédilection, pour nous, Sahariens ; et de même, c'est lui qui pourvoit à tout, qui se charge de tout ; nous n'avons, nous, qu'à en jouir en paix et à profiter de leur rapide accroissement.

" En Europe, vos propriétés ne donnent qu'une récolte, et au prix de bien des travaux ; nos troupeaux, à nous, produisent d'eux-mêmes toute l'année, et nous tiennent en réserve toutes sortes de richesses. Vos greniers diminuent chaque jour ; les nôtres sont inépuisables ; de plus nos moutons nous suivent partout ; ils nous nourrissent, nous désaltèrent et nous habillent, nous enrichissent, pourvoient à tous nos besoins, à tous nos caprices. Leur chair succulente, et parfumée de toutes les herbes qui leur sert de nourriture, alimente nos festins ; leurs mamelles nous donnent un lait savoureux et abondant pour boisson ; leurs dos nous fournissent leurs belles laines, que les doigts habiles de nos femmes convertissent en ces burnous et ces tuniques que l'on nous envie de partout, et que l'on nous paie si cher. Mêlée aux poils de chèvres et de chameaux, elles en font nos tentes, que ni la pluie ni le soleil n'ont jamais pénétrées.

" Le surcroît de ce qui sert à nos besons, car nous ne pouvons tout absorber, nous procure sans travail et sans effort toutes les productions du Nord et du Midi, de Tripoli et du Maroc ; les étoffes de France, les armes d'Angleterre, les blés et les orges du

Tell ; les selles de Tunis ; les cuirs de Tafilet ; l'or, l'ivoire, les parfums et les esclaves du Soudan. Bref, la terre entière travaille et produit pour nous, qui cependant ne faisons rien. Tu le vois, c'est nous que Dieu a établis les sultans de ce monde ; les autres peuples n'en sont que les esclaves !"

A ce flux de raisons, je répondis :—"Vous calomniez-là, à votre profit, le reste de l'univers. Je connais, moi, les pays et les peuples que vous avez l'air de mépriser ; et, certes, loin d'être vos envieux, tous vous plaignent de la dure vie à laquelle vous êtes condamnés. Leur existence à eux leur semble bien plus douce que la vôtre ; et, quoique vous en disiez, tous se considèrent comme libres et indépendants."

—"Ils le sont en paroles, me répondirent-ils ; mais leurs actes contredisent leur bouche. Leur pays est le pays des sultans ; la volonté d'un maître vous commande ; sa force vous fait marcher. Chez nous, l'indépendance seule règne, et gouverne chacun de nous ; nous n'obéissons qu'à notre tête ; c'est pour nous comme un besoin de notre sang.

" Vois au contraire l'habitant de vos villes. Il s'ensevelit tout vivant dans une maison de pierres, sorte de tombeau triste, obscur, humide comme les sépulcres où nous déposons nos morts ; c'est là qu'il passe sa vie. Qu'il y soit heureux, qu'il y soit malheureux, il doit y rester, car sa maison tient au sol. Nos demeures, à nous, se transportent où nous voulons, ce sont des tentes où l'air circule, où la lumière abonde, et d'où nous pouvons voir passer au loin la caravane, venir le voyageur que Dieu nous envoie, ou l'ennemi que doivent frapper nos balles, s'il s'approche trop près de nos troupeaux.

"Dans ton pays, un père, en mourant, laisse-t-il à son fils un champ, un jardin, aussitôt celui-ci l'enferme d'une haie ou d'une muraille, comme pour ôter à ses semblables le droit d'y pénétrer, sans songer qu'il s'enlève par là même, à lui, le droit d'aller ailleurs.

"Là, du matin au soir, il reste courbé sur ce champ qu'il remue dans tous les sens. Il le travaille, il le fume, il l'arrose : c'est vraiment l'esclave de ce petit morceau de terrain qui souvent ne mesure pas plus d'étendue que deux on trois de nos *burnous* étendus sur le sol. Toute sa vie se passe là ; tous les jours, il va y répandre ses sueurs. Ce n'est qu'au prix de peines, incroyables qu'il en tire sa misérable nourriture. Encore, s'il est parvenu à produire quelque chose de bon, il n'a garde d'y toucher, il le réserve pour la vente, car il a besoin de se vêtir, lui et sa famille ; et son champ n'est pas capable de lui donner ses habits ; et cependant, vous dites que ce sont là vos richesses ! Dites plutôt que ce sont vos maîtres et vos tyrans, car ils vous retiennent captifs entre vos murailles, et limitent vos mouvements et votre indépendance à la borne d'un champ !

"Au Sahara, la terre n'appartient à personne, car c'est le bien de Dieu (*Khreir rebbi*) qui l'a créée pour tout le monde. Elle est à la disposition de celui qui l'occupe le premier tout le temps qu'il veut y rester. Notre vie est donc bien celle d'un roi ; nos propriétés sont sans limites ; nous voyageons des mois entiers sans rencontrer les frontières de nos vastes domaines.

"Bien plus, votre temps lui-même ne vous appartient pas : vous le devez à vos affaires, à vos clients, à votre travail. Mais nous, notre temps nous appartient : nous l'employons comme bon nous semble, aux courses à cheval, aux plaisirs de la chasse, aux émotions de la guerre. Le reste de nos journées, nous les passons à l'abri de nos tentes, et étendus sur nos tapis, dans la méditation des perfections de Dieu, que nous remercions de ce qu'il nous a fait naître les seigneurs des plus beaux pays de la terre, où l'homme trouve largement, et sans travail, tout ce dont il peut avoir besoin : l'air, le soleil, les vêtements, l'eau, la nourriture et la liberté.

—"L'air, le soleil surtout, je l'accorde, répondis-je ; quant à l'eau, vous devez convenir qu'elle n'est qu'en bien faible quantité dans ce pays brûlé que vous appelez vous-même *le pays de la soif*. Ici, rien n'est plus rare que l'eau ; et de plus vous ignorez absolument ce que peut être une fontaine à l'eau bien fraîche, bien claire et bien pure, comme on les trouve partout dans mon pays. L'eau troublée, saumâtre et échauffée que vous êtes obligés de boire, nous ne voudrions pas, en Europe, la donner à nos bestiaux."

—"C'est vrai, me fût-il répondu, l'eau n'est pas abondante au Sahara, car le Désert n'est pas un pays de grenouilles ; mais nous en avons assez pour nous désaltérer. Quand elle est trop mauvaise, nous la coupons avec le lait aigre de nos chamelles, nous y mélangeons les dattes sucrées de nos oasis, et aucune

boisson n'est plus rafraîchissante, ne désaltère davantage.
D'ailleurs, tu le sais, hommes et chameaux boivent peu au Sahara.
Dieu, qui les aime dans ce pays, leur a donné la force. A nous,
un rien nous suffit, tandis que vous, vous souffrez dès que vous
n'êtes plus dans l'abondance ; "et cependant, dit un de nos pro-
verbes, l'homme se désaltère également, qu'il boive à une
rivière coulant à pleins bords, ou à une petite source qui suinte
goutte à goutte ; la largeur du verre n'y fait rien ; et quand on a
assez, tout ce qui est de trop est inutile."

"Pour vous, gens de l'Occident, vous ne comprenez rien à ces
choses-là. On nous dit que pour manger il vous faut des tables,
des siéges, des assiettes, des cuillers, des fourchettes, et cinq ou six
mets différents ; que pour dormir vous avez besoin de lits, de
draps, de matelats, d'oreillers, sans quoi vous êtes mal à l'aise.
Quelles servitudes ! Combien nous sommes plus heureux, avec
notre vie plus simple, et moins embarrassée de tant de choses
inutiles, qui deviennent indispensables quand on y est accoutumé.

— "Ce sont là, répondis-je, les exigences de notre civilisation
qui est plus avancée que la vôtre. Mais aussi, à côté de quelques
inconvénients, que de charmes elle nous procure, entre autres dans
la rapidité des communications. Ainsi, dans un seul jour, nous
pouvons traverser plus d'espace que vous ne pouvez en parcourir
en un mois avec une caravane."

— "C'est vrai, dirent-ils, ceux des nôtres qui ont été soldats
dans votre armée, qui ont passé auprès de vous quelques années
comme Turcos ou Spahis, nous ont bien parlé de l'invention dia-
bolique de ces chars de feu (*caroussa ennehar*) qui traversent vos
plaines avec la rapidité d'un oiseau, et mugissent comme un orage,
en emportant avec eux des voyageurs ; mais à quoi bon tant de
célérité ? que vous sert d'aller si vite ? Vous semblez toujours
agités comme un homme qui a la fièvre. Dès que vous êtes arri-
vés, vous voulez repartir ; à peine êtes-vous en route, que vous
voudriez être au terme. Jamais dans le calme, jamais dans le
repos ! Vous ne vivez pas, vous délirez, comme le malade qui, le
soir, veut voir le matin, parce que la nuit lui pèse, et qui, le matin,
désire le soir, parce que la lumière le fatigue !

"L'Arabe, lui, ne se presse pas, car il ne se soucie pas de dévorer
sa vie ; d'ailleurs à quoi bon tant se hâter ? Dieu est un bon

maître ; les jours lui appartiennent, puisque c'est lui qui les a
créés ; et il a la bonté de nous les donner pour rien ! Nous pouvons donc en jouir à notre aise. Aussi, jamais tu verras un Arabe
se presser trop ; ce que nous ne pouvons pas faire en une semaine,
nous le faisons en un mois, s'il le faut. Nous aimons avec passion
les voyages : mais nous trouvons qu'il vaut mieux ne pas les faire trop
vite, car alors la fatigue dévore la jouissance et ne lui laisse plus
rien. Aussi préférons-nous de beaucoup nos chameaux à vos chars
de feu, et à vos vapeurs. Ils sont lents, mais ils sont sûrs. Ce
sont les navires de la terre (*gouarreb 'el berr*), mais des navires
moins coûteux, plus souples et moins dangereux que les vôtres.
Avec eux nous marchons lentement, mais gaiement. Encore une
fois, pourquoi se tourmenter ? On arrive toujours assez tôt là où
Dieu nous veut, et assez tôt au jour de sa mort.''—

Je n'ajoute rien à ces réflexions, Messieurs et Mesdames, je vous
les livre telles qu'elles m'ont été faites. Bien souvent, depuis,
elles sont revenues à mon souvenir, et il m'arrive quelquefois de
me demander si cette manière pratique d'envisager la vie ne vaut
pas la nôtre.

Aussi, je me persuade que, lorsque ces peuples seront devenus
catholiques, il y aura peu de choses à changer à leur existence pour
la rendre parfaite. Il suffira de surnaturaliser tout cela ; et ces
populations si simples, si primitives, deviendront peut-être la joie
de l'Eglise quand leur Désert aura refleuri sous l'effusion de la
grâce et de la bénédiction de Dieu.

III.

LA MISSION D'AFRIQUE — SES RÉSULTATS.

SOMMAIRE. — L'apostolat en Afrique — Mode d'évangélisation. — *Salem-ben-Ali*, l'enfant de l'Atlas. — La mission et les adultes. — Les armes du missionnaire. — Son désintéressement. — *Sliman*, le *Kaïd* de Metlili. — Résultats dans les tribus. — La mission et les enfants Arabes. — Moyens de les sauver. — Appel aux cœurs catholiques. — Conclusion.

Mesdames et Messieurs,

Quand on s'arrête quelque temps à réfléchir sur l'histoire et les destinées de l'Afrique, on est frappé de voir cet immense continent, qui renferme aumoins 200 millions d'âmes, rester dans le monde, qui va se développant et se transformant, comme la négation de tout progrès ! Et cependant, au berceau de l'Eglise, pendant plusieurs siècles, la civilisation et la Foi ont jeté le plus vif éclat dans cette contrée ; mais, depuis plus de mille ans qu'elle est retombée dans les ténèbres, elle est toujours restée en dehors du mouvement religieux et catholique qui emporte toutes les nations vers Dieu.

Les missionnaires ont parcouru toutes les mers, ont pénétré dans toutes les parties du globe, apportant avec l'Evangile, la lumière et la civilisation ; et, pendant tout ce temps, l'Afrique n'a pas cessé d'être le foyer de la barbarie, et d'insulter, durant douze siècles, cette même civilisation chrétienne répandue de partout en face d'elle.

L'apostolat en Afrique. — Mais aujourd'hui, grâce à Dieu, le spectacle change. Il semble même que, dans les décrets éternels, l'heure de la régénération a enfin sonné pour ce malheureux pays. L'Afrique, en effet, jusque là si abandonnée, si délaissée, offre maintenant un spectacle bien touchant pour les cœurs chrétiens. Sur tous ses rivages, même les plus désolés, arrivent des apôtres, envoyés par Rome, et que font vivre seules les aumônes de la charité et de la Foi des autres nations, mieux partagées, car il n'y a presque pas de catholiques dans ce pays pour soutenir ces grandes œuvres de l'apostolat.

Ces missionnaires apparaissent de partout à la fois ; il y en a au Nord, il y en a au Midi, il y en a l'Est, il y en a au Couchant ! De toutes parts ce continent est comme enlacé par un cercle de Foi et de Charité qui va se rétrécissant de plus en plus, car, soit que ces missionnaires partent d'Alger, soit qu'ils s'avancent du Cap, de la Guinée ou de l'Egypte, tous marchent la croix à la main, et la face tournée vers les centres inconnus de cette immense Afrique.

Mais, quand on connait l'Afrique, ses peuples, ses mœurs, la vie qu'on y doit mener, et surtout les difficultés de l'évangélisation des Musulmans, on comprend sans peine qu'il faut absolument, pour évangéliser ces contrées, une société d'hommes apostoliques, spécialement destinés à cette œuvre difficile et pénible.

C'est dans cette vue que notre société de missionnaires a été fondée, il y a huit ans, par Mgr. Lavigerie, archevêque d'Alger, l'intrépide apôtre de l'Afrique du Nord. Nous n'avons pas d'autre but que l'évangélisation de cet immense pays, tout entier mahométan ou idolâtre. Mais pour cela, nous avons été obligés d'abandonner tout à fait la vie européenne pour nous faire entièrement Arabes ou Kabyles. Nous avons donc pris le costume, la langue, les usages, la manière de vivre de ces peuples. Ainsi arabisés, nous partons, par communautés de trois ensemble, fonder des stations au milieu des tribus, là où le terrain semble mieux préparé pour nous recevoir.

Mode d'évangélisation. —Une fois là, nos missionnaires travaillent à gagner la confiance des indigènes autour d'eux, et finissent toujours par se faire regarder comme membres de la tribu à laquelle ils sont venus se consacrer.

Ce résultat obtenu, ils cherchent à s'attacher les cœurs à force de charité, de patience, de douceur, de bontés et de dévouement. Pour cela ils suivent le conseil de Notre Seigneur : — " *Curate infirmos ; Docete !* " —Ils soignent en effet les malades, et élèvent les enfants. C'est là tout leur ministère.

Comme vous le voyez, c'est prendre à sa base le travail de civilisation au milieu de ces peuples. Mais on comprend ces précautions avec des Mahométans, dont le fanatisme s'exalterait, si tout à coup ils entendaient prêcher une religion nouvelle. En cherchant à les évangéliser par nos actes plutôt que par nos paroles, l'œuvre sera plus lente, peut-être, mais plus sûre.

En effet, le soin des malades est le moyen le plus efficace de pénétrer au milieu des tribus, de se faire tolérer d'abord, puis respecter et aimer des indigènes. Ils ne tardent pas à être touchés, en voyant des prêtres abandonner leur pays, pour venir au milieu d'eux consacrer leur vie au soulagement de ceux qui souffrent.

Une fois la confiance des adultes gagnée, nous travaillons à attirer près de nous les enfants. Dans ces missions, le point le plus important c'est l'école, c'est l'éducation des générations qui grandissent, car c'est là le champ où l'on travaille pour l'avenir en déposant dans ces cœurs moins impurs les germes d'une moisson abondante.

Ces jeunes enfants, vivant près de nous, et formés par nous, n'ont pas les préjugés de leurs pères à l'endroit des chrétiens. Ils s'habituent à penser comme nous, à croire comme nous, à prier comme nous ; et, de retour au milieu de leurs familles, il y déposent, même à leur insu, comme un levain de vérités qui fermentent peu à peu dans cette masse, et la disposent insensiblement à la foi.

Salem-ben-Ali, l'enfant de l'Atlas.—Le travail est quelquefois rapide et considérable chez ces pauvres enfants. Un jeune Kabyle appelé Salem-ben-Ali, âgé de 12 ou 13 ans, venait à une de nos écoles érigée dans sa tribu du Jurjura. Frappé des leçons que nous lui donnions pour conserver toujours son cœur pur devant Dieu, qui le voit et le contemple, il me dit un jour : " Père, ici, dans la tribu, il m'est impossible de garder le droit chemin ; tout ce qu'on voit et ce qu'on entend conduit au mal. Envoie-moi à Alger auprès du Grand Marabout des chrétiens, et je resterai avec vos enfants qui sont plus sages."

Une telle demande m'embarrassa bien fort, car en autorisant cet enfant qui, il est vrai, n'avait plus de père, à quitter son pays, pour aller dans nos orphelinats d'Algérie, je craignais de faire croire aux Kabyles, que nous n'élevions leurs enfants que pour les accaparer et les leur enlever un jour. Je refusai donc de m'occuper de son affaire, en disant à *Salem* que je ne voulais pas exciter les susceptibilités de sa tribu.

—"Eh bien, répondit-il, comme je suis mon maître, je ferai la chose de moi-même et partirai tout seul !"

En effet, il prépara toutes choses pour son départ qu'il ne cacha à personne. Il le déclara même à la Djemâ de son village. On essaya de le dissuader d'un tel projet ; mais sa résolution était prise, elle resta inébranlable ; et, avec l'énergie de volonté qui le caractérise, il répondait à ceux qui l'importunaient le plus :— "Que vous importe ? Je suis libre de choisir le chemin que je veux. Si vous allez à gauche, je peux bien marcher à droite ; prenez soin de vos têtes, ne vous mettez pas en peine de la mienne."

En disant adieu à sa mère qui versait des larmes : " Ne pleure pas mon bonheur, lui dit-il ; je sens qu'une fois chez ces Pères, ma tête et mon cœur vaudront plus que leur poids de pièces d'or : cela vaut bien la peine de prendre une telle résolution."

Il partit, et marcha pendant près de deux semaines, demandant, le long de la route, le chemin d'Alger qu'il ne connaissait pas encore. Une fois dans cette ville, son ébahissement fut grand, en voyant plus de maisons à la fois qu'il n'en avait jamais vues dans toute sa vie.

A Alger, il s'informa où demeurait le grand chef des chrétiens ; on lui montra le palais de l'Archevêché. Quand il fut en présence de Mgr., il se jeta à ses pieds : — " O chef de nos Pères, lui dit-il, je suis un des enfants de tes fils qui sont en Kabylie. J'ai quitté nos montagnes et ma tribu, pour venir à toi, afin que tu me reçoives au nombre des orphelins à qui tu fais donner la science et l'amour de Dieu ! "

Comme on le pense bien, il fut admis ; et, aujourd'hui, c'est un des plus intelligents et des plus pieux, parmi les 72 jeunes Arabes réunis dans le Séminaire de notre Mission ; et les gens de sa tribu verraient maintenant avec plaisir la même faveur accordée à d'autres de leurs orphelins.

Tels sont les fruits déjà obtenus chez les enfants des tribus indigènes que nous élevons et instruisons dans nos écoles.

La mission et les adultes. — Relativement aux adultes, le mode d'évangélisation, dans cette mission d'Afrique, doit différer, en bien des points, de la méthode généralement suivie dans les autres missions de la terre.

Ici nous avons affaire, non à des idolâtres ou à des sauvages qu'il s'agit d'éclairer, en leur montrant la grossièreté de leurs erreurs, mais au contraire à un peuple profondément fanatique, fier de sa religion qu'il regarde comme au-dessus de toute discussion, et de son corps de doctrines, d'autant plus dangereuses que le vrai et le faux s'y rencontrent.

Avec eux, le ministère du missionnaire consiste donc surtout à faire ce que faisait Notre Seigneur lui-même, à évangéliser la foule dans de simples conversations, dans des entretiens familiers. La chose lui est toujours facile, qu'il soit fixé dans une tribu kabyle, ou qu'il voyage avec une caravane. Même au Désert, dès qu'il traverse une tribu, la nouvelle ne tarde pas à se répandre de partout qu'un marabout chrétien est dans la contrée ; et aussitôt la curiosité les attire, et ils s'empressent d'accourir de toutes parts, afin de le voir et de l'entendre.

C'est du moins ce qui m'est arrivé à moi-même, à peu près partout, en parcourant le Sahara à l'époque où les nomades y amènent leurs troupeaux. C'était le premier prêtre chrétien qui se présentait dans leur pays ; ils nous entouraient donc en foule ; et les réponses que nous devions faire, le Frère qui m'accompagnait et moi, à leurs nombreuses questions, excitaient chez eux la plus grande surprise.

Je ne saurais dire toutes les réflexions que leur inspiraient ces entretiens, très-familiers, sur Dieu, sur l'éternité, sur la vie future, sur la nécessité d'éviter le mal et de faire le bien, en suivant la loi du Décalogue, sur la miséricorde et la justice divines. Toutes ces choses, loin de les froisser, leur faisait toujours une excellente impression.

Aussi, bien souvent, après ces premiers entretiens, revenaient-ils m'entourer en disant :

—"Parle-nous encore, car nous n'avons jamais entendu les choses que tu nous dis."

De tous les souvenirs qui me soient restés de ces rapports intimes, établis ainsi entre eux et nous, à la suite de semblables conversations, le plus doux et le plus vivace est, sans contredit, celui que j'ai gardé de ma dernière nuit au milieu de la caravane, avec laquelle j'avais traversé la partie du Désert qui s'étend entre Guerara et Metlili.

Ainsi que je l'ai dit plus haut, tous les soirs, après avoir déchargé leurs chameaux pour la halte, les Arabes de la caravane avaient coutume de venir faire cercle autour d'un grand feu qu'ils ne manquaient jamais d'allumer à l'entrée de notre tente. C'est là qu'ils aimaient à faire cuire leur pauvre repas du soir ; et après l'avoir pris en commun, nous passions une partie de la nuit dans ces causeries, moitié instructives, moitié religieuses, qui semblaient être pour eux d'un si vif intérêt.

Donc, le soir de la dernière journée passée ensemble, ils cherchèrent à nous persuader de ne pas les quitter, de les suivre encore et de revenir avec eux, lorsque la caravane retournerait sur ses pas. Ils me parlèrent du plaisir qu'ils auraient à nous voir rester toujours au milieu d'eux, pour mener leur vie errante qu'ils trouvent si belle, pour instruire leurs enfants et soigner leurs malades.

L'un d'eux, nommé *Ahmed-ben-Ahmed*, voyant que je ne pouvais pas accepter leur intéressante proposition, me prit un peu à l'écart, et là, tous les deux seuls, dans la nuit, il me saisit la main et me dit :

—"Pendant plusieurs jours nous avons mangé la même nourriture, dormi du même sommeil, vécu de la même existence ; nous sommes donc frères !"

Puis, me montrant de son doigt le ciel étoilé :

—"Dieu est là-haut, me dit-il ; promets-moi de ne pas m'oublier, et aimons-nous d'un même cœur"

Prenant alors ma tête, il l'attira à lui, et la baisa au front, après quoi il s'éloigna.

Je ne le revis plus ; mais son souvenir m'est toujours aussi vif ; et je ne crois pas avoir passé un seul jour sans dire une prière pour lui.

Outre ces premiers résultats, qu'il est facile d'obtenir en menant avec eux la vie arabe, et en semant, dans les conversations, des germes de vérités qui les font réfléchir, détruisent leurs préjugés, et les rapprochent peu à peu de nous et de la Foi, j'ai toujours constaté que deux choses, dans notre conduite dont ils aiment à se rendre compte, les frappe plus particulièrement : notre confiance en Dieu, au nom de qui nous nous présentons, et notre complet désintéressement dans les services que nous cherchons à rendre à nos semblables.

Les armes du Missionnaire. — J'ai eu souvent l'occasion de remarquer combien ces hommes étaient surpris de la vie aventureuse que nous n'hésitons pas à embrasser, nous étrangers, dans leur pays souvent plein de périls pour eux-mêmes, mais que nous affrontons, nous, sans autre appui que notre grande confiance dans le Dieu qui nous a appelés et qui nous conduit.

A ce sujet, je citerai un fait que j'ai constaté moi-même bien souvent.

Au Sahara, un Arabe ne quitte jamais ses armes. Le Nomade a toujours son long fusil sur l'épaule ; le Chambi, en particulier, pour aller d'une tente à l'autre, tient à la main son *matrak*, terminé en boule comme un casse-tête. Dans le désert, je n'ai jamais rencontré d'indigène, même parmi les enfants, qui n'ait, pendue à son cou ou à sa ceinture, une gaîne en cuir où se trouve la large lame qui leur sert, à la fois, de couteau, de rasoir et de poignard.

Le missionnaire qui vient à eux complètement désarmé, qui traverse ainsi de vastes territoires, excite leur plus vif étonnement. Que de fois ils m'ont demandé de leur montrer quelles armes je portais avec moi.

—" Je n'en ai point.

—" Pourquoi cela ? demandaient-ils.

—" A quoi me serviraient-elles ? Je ne veux pas faire de mal à personne. Je ne suis venu que pour faire du bien.

—" Oui, mais tu peux être attaqué ; alors il faudra bien te défendre ; et où sont tes armes ? "

Je leur montrai le Bréviaire que je porte toujours sous mon bras :

—" Ce sont là mes armes et mes munitions, leur dis-je ; avec cela je ne crains rien !

—" Comment donc ?

—" C'est mon livre de prières. C'est à lui que j'ai recours à chaque instant du jour, quand je veux m'entretenir avec Dieu. Là, je trouve à la fois repos, force et sécurité. Le marabout chrétien ne met son espoir qu'en Dieu et dans la prière : il ne se repose ni sur ses armes, ni sur ses chevaux, ni sur ses chars de guerre, car il n'a rien de tout cela. Et cependant, il marche sans jamais rien craindre, et il va partout où Dieu le mène, car il s'est placé en toute confiance dans sa main ; et il sait que ses cheveux sont comptés, et que rien ne lui arrivera sans que Dieu le permette.''

—'' Nous comprenons maintenant ta sécurité, me répondirent ces hommes aux instincts si profondément religieux. En invoquant la seule protection de Dieu, et non celle de tes armes, tu peux traverser dix fois l'Afrique sans jamais être inquiété : Qui oserait aller te faire du mal dans la main de Dieu, puisque c'est là que tu te réfugies ?...''

Son désintéressement. — Mais ce qui frappe surtout ces peuples mahométans, ce qui les subjugue, c'est de voir le désintéressement du missionnaire.

Et cependant, le démon, dans le principe, avait mis dans l'esprit de ces pauvres gens que nous n'avions quitté notre pays que pour venir faire fortune parmi eux, et nous enrichir à leurs dépens. Mais aujourd'hui, ils sont obligés de constater chaque jour, et en toute circonstance, que nous n'acceptons jamais rien ; ils ne peuvent donc s'expliquer pourquoi nous dépensons ainsi gratuitement notre temps, nos soins, nos remèdes ; pourquoi nous passons notre vie à leur rendre tous les genres de services, sans jamais demander ni accepter aucune espèce de rémunération.

Chaque jour des quantités considérables de malades sont amenés autour de nos demeures ou de nos tentes. Souvent ce sont les plaies les plus affreuses, les plus repoussantes, comme on n'en trouve que dans les pays chauds. Je connais un missionnaire qui, en détergeant une plaie où se trouvaient des vers, dans les chairs du malade, fut suffoqué par l'infection qui s'en exhalait et s'évanouit. Revenu à lui, il continua le pansement comme si rien ne lui était arrivé.

J'ai vu des Kabyles pleurer en nous disant :

—" Ce que vous nous faites là gratuitement, ni mon père ni
ma mère ne consentiraient à me le faire !

—" Comment, ajoutent-ils souvent, ces remèdes, vous nous les
donnez pour rien, tandis que nos Marabouts, nos Prêtres Maho
métans, nous font payer bien cher les quelques amulettes qu'ils
écrivent pour nous guérir, disent-ils, de nos maladies ! "

Une fois que leur cœur est ainsi touché, leur esprit n'est pas
loin d'être gagné, car en voyant les fruits de notre sainte religion,
ils ne tardent pas d'en comprendre la divinité.

Ils nous étudient et nous suivent de près en effet ; ils voient
que nous connaissons Dieu, que nous l'aimons, que nous le ser-
vons plus fidèlement encore que les musulmans les plus fervents.
Ils constatent, de plus, que nous vivons dans le célibat, que notre
vie n'est unie qu'à Dieu seul, et qu'elle est exclusivement consa-
crée au service des pauvres, des malades, des orphelins, des
délaissés. (C'est là toute notre prédication ; mais elle en vaut bien
une autre.) Tout cela fait que nous devenons pour ces pauvres
gens comme des mystères vivants.

D'ailleurs, ils ne laissent passer aucune occasion de nous épier
pour bien se rendre compte de ce que nous sommes. Quelquefois
même, ils viennent de très loin pour constater par eux-mêmes la
vérité de ce qu'ils ont entendu raconter à notre sujet.

Sliman, le Kaïd de Metlili.—Un jour, dans le désert, je reçus
la visite du chef d'une grande tribu, avec laquelle j'avais vécu
quelque temps, pendant la première excursion que je fis dans l'intérieur du Sahara. Cet homme, appelé Sliman, Kaïd de la tribu
des Chambâs de Metlili, venait, accompagné d'une douzaine
d'Arabes que je n'avais jamais vus, me prier de donner mes soins à
un de ses amis gratifié d'une plaie affreuse, et qu'il amenait avec
lui. Selon mon habitude, quand on venait de loin, je fis apporter
du café, boisson très-répandue en Orient, et j'en servis à tous mes
hôtes, après quoi je me mis aussitôt en devoir de panser le malade.

Une fois la besogne terminée, Sliman, le chef qui m'avait
amené tout ce monde, me prit la main, et y glissa de l'argent, en
me disant :

—Ce n'est pas le prix du plaisir que tu me fais, ni du service que tu me rends, mais seulement de la peine que je te donne.

Je retournai la main ouverte du côté du sol en laissant tomber ce qu'il y avait mis. Des pièces d'or roulèrent à terre.

—Pourquoi me fais-tu cette injure, me dit Sliman avec animation. Tu as donc peur que mon or te salisse la main ? Je ne l'ai pas volé, cependant ; si je te le donne, c'est qu'il m'appartient !

—" Je croyais, lui répondis-je simplement, t'avoir dit que ce n'était pas pour l'or que nous travaillons.

—" Oui, mais, en nous rendant ces services tu mérites une récompense. Pourquoi refuses-tu la mienne ?

—" Parceque je préfère celle de Dieu ! Si nous acceptons notre salaire ici-bas, nous n'avons pas droit à celui du ciel ; et notre peine est perdue. "

Je vis bien alors qu'en agissant ainsi, il n'avait eu d'autre but que de m'éprouver, car, se tournant vers ses compagnons : —Vous ne vouliez pas croire qu'il refuserait ; vous le voyez maintenant, dit-il en ramassant ses pièces d'or.

Il était convenu entre eux, paraît-il, que l'on mettrait mon désintéressement à l'épreuve en m'offrant cet or que le bon Dieu m'inspira de rejeter si vivement.

L'effet produit fut excellent, car l'un d'eux s'écria : " J'ai bien voyagé. Je suis allé au Soudan, au Maroc et à La Mecque ; mais je n'ai jamais trouvé d'hommes semblables à ceux-ci. Ce sont des sultans, des rois ; certainement, le paradis est fait pour eux !

—" Plus que cela, ce sont des anges, interrompit un autre, car j'ai été soldat en Algérie et en France ; et je sais, moi, qu'ils ne se marient pas : ils vivent comme des esprits. "

Cette parole stupéfia l'assemblée. Tous à la fois me regardèrent avec surprise.—" C'est vrai, dirent-ils, vous n'êtes pas mariés ?" Je répondis en leur donnant les raisons du Célibat ecclésiastique, et les immenses facilités d'action que le prêtre possède pour le bien, n'ayant d'autre famille que les pauvres, les délaissés.

Alors Sliman, qui m'avait offert son or, prit entre ses doigts un morceau de sucre destiné à son café, en me disant. " Maintenant que je sais à n'en plus douter que non-seulement tout ce que vous faites est pour Dieu seul et non pour l'argent, mais encore que votre vie toute entière se passe dans la pureté au service de vos semblables, vous devenez aussi doux à mon cœur que ce sucre l'est à la bouche,'' et il le porta à ses lèvres en achevant ces paroles.

Résultats dans les tribus.—Ces sympathies, Messieurs, se généralisent de plus en plus, et se traduisent chaque jour d'une manière éloquente. Cela prouve une fois de plus que pour impressionner ces peuples Mahométans, dont le fanatisme a toujours été si susceptible, si farouche, la prédication doit sortir de l'ordinaire. Pour gagner leur cœur, les actes seront toujours beaucoup plus éloquents que les paroles ! A force de charité, il faut arriver à leur prouver qu'on les aime ; et alors, leur esprit suit leur cœur, et s'ouvre plus facilement et plus vite aux influences de la grâce.

Les Indigènes des tribus, en voyant le dévouement et le désintéressement de nos missionnaires, jugent de l'arbre à ses fruits, et finissent par demander à connaître une religion qui sait inspirer tant de zèle et tant d'héroïsme.

Quant aux autres tribus, avec lesquelles nous avons des rapports, mais où nous ne sommes pas encore installés, elles désirent nous posséder, et font des démarches pour cela : Mgr d'Alger, notre fondateur, reçoit fréquemment des demandes de missionnaires qui lui sont adressées par des chefs de tribus Arabes ou les Djemâs Kabyles.

Il y a là un bien immense à faire. Malheureusement, nous ne pouvons répondre à tous ces désirs, et satisfaire toutes ces demandes ; nos ressources ne le permettent pas. L'Afrique n'a point de catholiques qui nous aident à soutenir ces grandes œuvres de l'apostolat ; nous sommes obligés de recourir à d'autres pays plus favorisés pour nous venir en aide. Nous sommes souvent comme le moissonneur dont les blés sont mûrs, mais qui forcément doit en laisser perdre, parce que ses ressources ne lui permettent pas de tout faire ramasser.

La mission et les enfants Arabes. — Mais cette œuvre, entreprise pour la régénération de l'Afrique, a déjà été couronnée de résultats plus immédiats encore.

Des asiles, des orphelinats ont été fondés pour recevoir de pauvres enfants abandonnés, et les sauver d'une double mort, celle du temps et celle de l'éternité.

Aujourd'hui en effet, spectacle inouï jusque-là dans l'Eglise, près de 800 enfants, autrefois mahométans, ont reçu le bienfait de la régénération et ont été initiés, dès leur bas âge, à la vie plus laborieuse, mais plus féconde, des populations chrétiennes.

A mesure qu'ils grandissent et atteignent l'âge d'homme, les aînés de nos orphelins épousent nos plus grandes orphelines, et ressuscitent le mariage et la famille catholiques sur cette terre autrefois si chrétienne.

Ces mariages sont déjà commencés depuis près de trois ans ; c'est là notre œuvre la plus intéressante sans contredit, et le couronnement de toutes les autres, car ces nouveaux ménages sont réunis dans des villages exclusivement composés d'Arabes chrétiens, et qui deviennent, au milieu des musulmans, comme autant d'éloquentes prédications : Ils forment là, en effet, à toujours, des centres de travail, de lumière, de vie en un mot.

Mais, bien que le mariage soit la vocation commune de nos enfants, quelques-uns ont refusé de contracter ces liens. Ils ont demandé au contraire à embrasser la vie religieuse en qualité de Frères et de Sœurs de la mission d'Afrique.

Il y a en outre un certain nombre de ces jeunes orphelins qui manifestent déjà la vocation de l'apostolat au milieu de leurs peuples. Depuis quelques années, soixante-douze des plus intelligents et des plus sages, parmi ceux qui témoignent ce désir, ont été placés dans un établissement spécial, où, tout en continuant leurs travaux champêtres, ils poursuivent leurs études littéraires et se préparent, par la pratique de la vertu et l'étude de la science, à devenir les apôtres de leur race.

Tel est l'ensemble de ce que j'appellerai l'œuvre de nos *Orphelins Arabes*. Qui pourrait dire et prévoir les fruits d'une telle œuvre si nos ressources nous permettaient de la continuer et de l'étendre encore.

Que faudrait-il pour cela ? Ce ne sont pas certes les orphelins ni les enfants abandonnés qui nous manqueraient ; les tribus en sont pleines ; et les missionnaires, dans toutes les stations où ils se trouvent, sont même obligés, faute de ressources, de refuser

ceux qui se présentent d'eux-mêmes ou qui sont offerts par les
tribus. Peut-on concevoir quelque chose de plus pénible au cœur
d'un apôtre ! Il lui est dur, en effet, d'être dans la nécessité de
refuser son toit à l'enfant malheureux et délaissé, afin de lui
donner le double bienfait de l'assistance matérielle et de la nais-
sance spirituelle à la vraie foi.

Moyens de les sauver. — Telle est l'œuvre de régénération et de
salut, que nous osons proposer aux familles aisées, aux maisons
d'éducation, aux communautés religieuses, d'entreprendre avec
nous.

Si ces pauvres enfants, dont je viens ici plaider la cause, étaient
adoptés, quels résultats immenses seraient obtenus, et pour eux et
pour ces malheureuses contrées où le démon, depuis douze siècles,
a pu régner en maître souverain.

J'ai donc pensé que ces pauvres petits Arabes pourraient trouver
un père, une mère d'adoption parmi les pieux chrétiens d'un pays
aussi catholique que le vôtre. Ils apprécient trop en effet les
libéralités de toutes sortes dont ils sont l'objet de la part de Dieu,
pour que leur âme reste dure et insensible en face du malheureux
état de ces peuples moins favorisés.

Et pour assurer cette grande œuvre, il suffit que quelques pieuses
familles, quelques maisons religieuses, voire même quelques pa-
roisses, adoptent chacune un de ces pauvres enfants, en nous four-
nissant les ressources nécessaires, pour les recevoir et les former à
la vie chrétienne.

J'ai hâte de le dire, les frais nécessaires à une si belle œuvre ne
seraient pas bien considérables.

Chacun de nos orphelins dépense, tout compris, environ $3 (16
fr.) par mois, soit $40 (200 fr.) par année.

Quand ils nous arrivent, ils ne sont encore ni assez forts,
ni assez habitués aux travaux des champs, pour nous permettre
de trouver dans leur travail de quoi fournir à leur subsistance. Il
s'écoule toujours à peu près cinq années avant que nous obtenions
un résultat si désirable.

Ce serait donc, pour ces cinq ans, environ $200 (1000 fr.) à four-
nir une fois pour toutes, ou en cinq annuités, pour chaque enfant

qu'on voudrait sauver en lui procurant le bienfait d'une éducation chrétienne (1).

Un appel aux cœurs catholiques. — J'ai la confiance que cette pensée trouvera de l'écho dans beaucoup de cœurs catholiques de ce noble et généreux pays.

Quelle source de grâces et de bénédictions ce jeune mahométan, ainsi racheté et devenu chrétien, attirera sur ses bienfaiteurs !

Pères et mères de famille, qui vous donnez tant de peines pour augmenter l'héritage de vos enfants, songez que le meilleur héritage que vous puissiez leur laisser est celui de la Foi, car ce n'est pas la fortune qui rend heureux, mais seulement la paix avec soi-même et avec Dieu.

Or, quel moyen plus assuré de conserver la foi dans vos cœurs et au sein de vos familles que de la faire procurer à de pauvres petits infidèles qui en ignorent les bienfaits ?

Songez aussi que cette aumône qui vous est demandée ne lésera pas vos intérêts, car l'aumône (surtout celle qu'on fait pour le salut d'une âme) n'a jamais appauvri. C'est, au contraire, l'expérience le prouve, le secret de rétablir et d'assurer le succès de ses affaires temporelles.

Et vous que le deuil a visités, en enlevant à votre affection un père ou une mère, un frère ou un enfant, une sœur ou un époux, vos pensées tournées vers le ciel demandent à Dieu miséricorde pour celui qui n'est plus. Vous pouvez, si vous le voulez, associer à vos prières la prière innocente d'un enfant ; ou plutôt, vous pouvez faire de cet enfant une prière vivante et perpétuelle sous le regard de Dieu, en le sauvant, en faisant revivre en lui le nom que vous aimiez et qui est aujourd'hui l'objet de vos larmes.

Et enfin, relativement à notre propre avenir, qui d'entre nous, dans l'œuvre de son salut, n'a pas besoin de miséricorde et de pardon ? Rappelons-nous donc, en face de ces enfants abandonnés qui nous tendent les bras, la parole de St. Jacques : '' *Celui qui sauve l'âme de son frère sauve la sienne, et couvre la multitude de ses péchés.*''

---

(1) Pour demander d'adopter un enfant, s'adresser soit directement à Mgr. Lavigerie, archevêque d'Alger, soit au Supérieur des missions d'Afrique, rue du Faubourg St. Honoré, 248, à Paris.

Conclusion. — Vous connaissez maintenant l'Afrique, ses populations, ses besoins, et le genre de vie des Missionnaires qui travaillent à l'évangéliser.

Cette mission, vous l'avez compris, est bien intéressante à tous les points de vue. De plus elle est immense, car elle contient tout un monde, le monde Africain, encore tout entier plongé dans les ténèbres.

Il y a bien là de quoi passionner une âme avide de bien et de dévouement, car c'est une œuvre grande et sainte que d'aller frapper l'islamisme jusque dans son repaire, et le démon jusqu'au cœur de ses conquêtes ! Mais en même temps c'est une tâche bien pénible et d'autant plus difficile que nous ne pouvons encore rien trouver en Afrique pour soutenir ces grandes œuvres qui cependant ne datent que de huit années, car jusque là tout était à faire, rien n'était commencé !

Mais à qui nous adresser tout d'abord pour donner le premier élan à une entreprise si généreuse et si gigantesque ? — A la France ? — Nous l'avons fait, Mesdames et Messieurs, et la France, non pas la France athée, mais la France catholique, a répondu largement à notre appel. Jusque-là, c'est elle presque exclusivement dont les aumônes nous ont soutenus dans nos belles œuvres en nous permettant de fonder nos orphelinats, nos écoles, nos hôpitaux, et d'établir nos postes de missionnaires en Kabylie et au désert ; tout cela, vous le voyez, exclusivement parmi les infidèles mahométans, qui déjà s'avouent vaincus au spectacle de tant de charité.

Mais la France est épuisée ; les malheurs qui sont venus fondre sur elle l'accablent ; et pendant ce temps nos besoins et nos charges augmentent ! Que devenir ? — Parce qu'il nous manque un peu de pain pour vivre au jour le jour, faut-il donc laisser là une œuvre conduite par Dieu lui-même d'une manière si providentielle ? Faut-il rendre au démon ces âmes et ces contrées que nous avons commencé à conquérir à Jésus-Christ ? Non ! nous préférons parcourir le monde en mendiant, et chercher à réunir dans une Croisade de Charité toutes les âmes généreuses de l'univers. Il en fournit assez pour ne pas désespérer !

AU CANADA !

Parmi toutes les nations que nous avons à visiter pour y prêcher cette nouvelle et dernière croisade, vient au premier rang le Canada, car c'est le rejeton le plus vivace que la France ait produit dans le monde !

Le Canada, en effet, a toutes les vertus généreuses de sa Mère-patrie, mais il n'a pas eu, comme elle, les étreintes mortifères de l'incrédulité et de la révolution. Sa voie est toujours restée pure comme sa source ; car rien, depuis, n'est venu la souiller. Aussi, semble-t-il que, dans les desseins de Dieu, la France et le Canada aient la même mission à remplir, mission de régénération, de progrès véritable, l'une dans l'ancien monde, l'autre dans le Nouveau.

J'appuie sur cette idée, Mesdames et Messieurs, car plus j'y réfléchis, plus je me convaincs que vous êtes appelés à de grandes choses sur votre continent, et peut-être sur le reste du monde !

Le Pape Pie IX a dit un jour un mot bien remarquable :—"Le salut nous viendra de l'Amérique ! "

Cette parole prophétique peut faire pressentir le rôle du Canada dans les évènements qui, déjà, semblent se préparer. Il est le *premier-né* de l'Eglise dans cette partie de l'Amérique, comme la France en Europe. Son droit d'aînesse, qu'il ne veut certes point abdiquer, le mettra à la tête du mouvement, dès qu'il s'agira de réaliser ce programme, tracé au Nouveau-Monde par le vicaire de Jésus-Christ.

Le Canada a ce qu'il faut pour une telle mission : Foi, générosité, dévouement ! Dieu lui a donné comme à la France sa mère, le génie propagateur, et l'instinct des grandes choses. Leurs destinées sont donc communes, de même que leur cœur battent à l'unisson.

Aussi, de l'autre côté de l'Atlantique, aimons-nous à citer, cette parole d'une dame canadienne, dernier rejeton d'une illustre famille française :—" Nos bras sont à l'Angleterre, c'est vrai ; les circonstances l'ont voulu ! Mais nos cœurs sont restés à la France."

Ma patrie, Mesdames et Messieurs, a applaudi à ces nobles et véridiques paroles. A l'époque où le Canada envoya ses Zouaves pontificaux à Rome pour défendre le souverain Pontife, la France, profondément émue, s'est sentie tressaillir en voyant vos Zouaves canadiens traverser son territoire, comme une mère en retrouvant ses fils.

Tous ces liens d'une même origine, d'une destinée et d'une mission commune, vous feront placer, j'en ai la confiance, l'œuvre si catholique et si française que nous poursuivons en Afrique, au nombre de vos belles œuvres canadiennes.

Aussi, ai-je la conviction que notre appel continuera à être entendu et compris dans ce pays de Foi, de dévouement et de générosité.

Il sera beau de voir cette Nouvelle-France d'autrefois venir aujourd'hui en aide à sa mère épuisée, pour lui aider à établir une Nouvelle-France sur les plages africaines.

Dieu le veut ! criaient vos Pères, et ils marchaient avec saint Louis à la conquête de cette même Afrique à laquelle je viens vous intéresser, laissant derrière eux famille, patrie, richesses... *Dieu le veut !* aujourd'hui encore ; et ce cri, qui a transporté vos ancêtres, ne vous trouvera pas insensibles, car vous n'avez pas dégénéré : le sang qui coule dans vos veines est trop généreux, trop catholique, trop Français !

FIN.

www.ingramcontent.com/pod-product-compliance
Lightning Source LLC
Chambersburg PA
CBHW070944280326
41934CB00009B/2014